Peter Fitzek

Wege zur Entdeckung
feinstofflicher Welten

Peter Fitzek

Wege zur Entdeckung feinstofflicher Welten

Praxisbuch zur Entwicklung medialer Fähigkeiten

1.Auflage

Umschlagsgestaltung: Cora Henschel

Für dieses Buch nehme ich kein Autorenhonorar. Alle Einnahmen werden dem selbstlos tätigen Verein „Lichtzentrum Wittenberg" zur Verfügung gestellt. Dieser wurde gegründet, um die Verbreitung der Lehren ganzheitlicher Entwicklung zu fördern. Außerdem sind so Neuausgaben und Neuauflagen gesichert.

ISBN 978-3934402560

Danksagung:

Hiermit danke ich „ALL-DEM-WAS-IST" für die Möglichkeit dieses Buch geschrieben zu haben..

Danke, dass Du mir all die Mitspieler ins Leben riefst, die dies ermöglichten. Dabei denke ich vor allem an meine Lebenspartnerin Peggy, die mit ihren außergewöhnlichen Fähigkeiten viele unserer Erfahrungen erst ermöglichte.

Auch danke ich Dir für Frau Groll vom EDIS-Team, die durch eigene Lebensumstände dieses Buch mit viel Engagement mehrmals Korrektur gelesen hat.

*   *   *

Inhaltsverzeichnis

Vorwort

Dieses Buch hat den Zweck ihnen den Verkehr mit Wesenheiten feinstofflicher Welten zu ermöglichen. In der Hauptsache soll es sich um die Verbindung mit ihren eigenen Schutzwesenheiten, manchmal auch als Schutzengel oder geistige Führer bezeichnet, handeln. Dies sind Wesen, die ihnen bei ihrer geistigen Entwicklung gern helfen. Praktische Kontaktherstellung zu „Verstorbenen" und Naturwesenheiten sind weitere Themen.

Im zweiten, noch folgenden Teil, wird näher auf den Kontakt zu ihrem Inneren Ich, auch als Seelenwesenheit, Individualität oder Höheres Selbst bezeichnet, eingegangen. Des Weiteren auch auf Engel, Erzengel und andere Wesenheiten, die dem Schöpfungsplan dienen. Auch der Kontakt zur „dunklen Seite" der Dualität und die Auswirkungen sollen näher beleuchtet werden. Es wird allerdings nicht erklärt werden, wie sie sich mit Wesen der dunklen Seite in Verbindung setzten können. Gewisse Grundlagen und ein fundiertes Wissen über die verschiedenen Wesenheiten beider Pole der Dualität sind jedoch hier unerlässlich und bei unvorhergesehenen Geschehnissen sehr nützlich.

Dieses Buch ist hauptsächlich für den Praktiker geschrieben, aber auch jenem, der sich nur theoretisch damit beschäftigen möchte, wird hier eine Fundgrube des Wissens über die feinstofflichen Welten und deren Bewohner dargelegt. Alles Wissen dieses Buches ist hauptsächlich Erfahrungswissen und es dient zum größten Teil der Entwicklung ihrer Persönlichkeit.

Es soll hier keinen Anspruch auf Vollständigkeit erhoben werden. Ihnen werden in erster Linie einige Werkzeuge für eigene Praxis und Selbsterkenntnis in die Hände gelegt.

Möge es diesen Zweck erfüllen und begeben wir uns nun in die Welt des für sie noch geheimnisvollen Unbekannten.

In unserer Gesellschaft des übertriebenen Individualismus kann man in unzähligen esoterischen Büchern lesen, dass aller Fortschritt selbst erreicht werden kann. Man erfährt dort, dass man keine Hilfe benötigt und alles in uns selbst liegt.

In Indien wiederum lernt der Schüler genau das Gegenteil. Dort wird gelehrt, dass großer Fortschritt ausschließlich durch die Gnade eines berufenen Meisters möglich sei.

Wie so oft, ist die Mitte das, was sie am schnellsten ihrem Ziel, der SELBST – Bewusstheit, näher bringt.

Die Aussage unserer „modernen" Gesellschaftsform und ihrer „Einweihungsliteratur" führt nicht selten zur eigenen Ausgrenzung des Suchenden, der mit seinem übertriebenen Individualismus (ich benötige Niemanden) die Illusion der Trennung vom Ganzen verstärkt. Leider führt dieser Glaubenssatz auch bei manchem der Suchenden zu einem elitären Denken und eine gewisse Überheblichkcit gegenüber dem Nicht-Wissenden kann sich einstellen. Wissen wird intellektuell angehäuft, nicht um des eigenen, *wirklich gelebten* Fortschritts willen und um der Allgemeinheit zu dienen, sondern um das Ego zu stärken, zu glänzen oder sich elitär zu fühlen. So hat das Wissen oft gar kein Verhältnis zu gelebten praktischen Erfahrungen und Fähigkeiten und oft sind Wissen, Wort und Tat keine Einheit. Wer will schon zugeben, dass er Hilfe wünscht oder benötigt? Aber es ist völlig in Ordnung Unterstützung anzunehmen und auf dem Weg, sich seiner größeren Wirklichkeit bewusst zu werden, sollte ihnen jeder Hinweis willkommen sein. Sie werden feststellen, dass Annehmen von Hilfe ihren Individualismus in keiner Weise mindert. Sie erhalten ohnehin reichlich Unterstützung, ohne dass sie sich dessen überhaupt bewusst sind. Bittet, so wird euch gegeben, klopft an und euch wird aufgetan.

Es ist Zeit, ihre Helfer etwas näher kennen zu lernen.

*   *   *

Grundlagenwissen

Um das, was sie im praktischen Teil selbst erfahren sollen, umfassend zu verstehen, ist es nötig, ihnen etwas Grundwissen zu vermitteln.

Der Mensch in seiner Persönlichkeit besteht aus 3 Körpern. Das, was manche selbst glauben zu kennen, ist ihr physischer Körper. Man bezeichnet ihn auch als feststofflichen Körper. Dieser Körper existiert aber nicht aus sich selbst heraus. Er hat eine Ursache.

Seine Ursache ist das, was man in der Einweihungsliteratur als Astralkörper bezeichnet. Man bezeichnet ihn auch als feinstofflichen Körper oder Emotionalkörper. Er schwingt auf einer höheren Frequenz. Das heißt, die Moleküle dieses feinstofflichen Körpers schwingen schneller, als die des feststofflichen Körpers. Diese feinstoffliche Struktur bildet die energetische Ursache des physischen Körpers. Man könnte es mit einem Magnetfeld und Eisenspänen vergleichen. Wenn man Eisenspäne in ein Magnetfeld hineinwirft, ordnen sich die Eisenspäne so an, wie es das Magnetfeld vorgibt. Der Astralkörper bildet eine Art Matrix für den grobstofflichen Körper. Er gibt die Gussform vor, in die der physische Körper hineinwächst. Deshalb kann der Körper Verletzungen ausheilen, sich über den Zellaustausch beständig erneuern und er ist so lange beständig, wie der Astralkörper mit dem physischen Körper verbunden ist. Wenn sich der Astralkörper vom physischen Körper dauerhaft löst, stirbt der physische Körper.

So wie die Wahrnehmung ihres Wachbewusstseins gegenwärtig im feststofflichen Körper zentriert ist, so ist die Wahrnehmung ihres Bewusstseins, nach dem Tod des physischen Körpers, im Astralkörper zentriert.

Sie haben ihren Astralkörper mit seinen Ausstrahlungen, die man als Aura bezeichnet, vielleicht selbst schon einmal beobachten können. Wenn sie an einem Radio mit einer

Stabantenne vorbei laufen, stellen sie vielleicht fest, dass sie selbst den Empfang beeinträchtigen oder unter manchen Umständen auch begünstigen können. Sie bemerken dann, dass sie Ausstrahlungen besitzen, die an der Grenze ihrer Haut nicht aufhören.

Aber auch der Astralkörper hat eine Ursache. Auch er existiert nicht aus sich selbst heraus. Denn das, was die Emotionen lenkt, dass, was der Energie die Richtung gibt, ist die Information oder der konkrete Gedanke.

Dieser Ursachenkörper für den Astralkörper ist der Mentalkörper. Er bildet die Matrix für den Astralkörper, der wiederum die Ursache des physischen Körpers ist. So ist der feststoffliche Körper eine Art „Drittkopie".

Ihr mentales Bild von sich selbst wird über den Astralkörper bis in den physischen Körper „herunterkopiert".

Alle diese 3 Körper sind verschiede Schwingungsträger ihrer Persönlichkeit. Keiner dieser vergänglichen Körper ist der Sitz der Seele oder des Geistes, auch wenn es in mancherlei Lektüre so geschrieben steht. Sie werden von ihrer Seele erschaffen und gebraucht, um in den verschiedenen Ebenen (Dimensionen, Daseinsformen, Welten) tätig zu sein. Sie sind Werkzeuge, um Erfahrungen für die Seele zu machen.

Das, was man als Seele bezeichnet, wird in mancherlei Lektüre als spiritueller Körper bezeichnet.

Aber genau genommen existiert auch die Seele in 3-einiger Körperlichkeit, so wie die Persönlichkeit auch. Diese Körper bezeichnet man als atmischer, buddhischer und kausaler Bewusstseinsträger, mit ihren jeweiligen Funktionen. Im 2. Teil werde ich auch darauf näher eingehen.

Im Allgemeinen ist es dem Menschen möglich, sich mit Wesenheiten der astralen und mentalen Welt in Verbindung zu setzen, denn sie selbst haben ja auch diese feinstofflichen Körper.

Auf der Astralebene gibt es 7 verschiedene Unterebenen die nochmals in 7 Unterebenen unterteilt sind die wiederum noch feinere Unterteilungen besitzen, die jedoch nicht im üblichen Sinne als „Teile" zu verstehen sind, da sie keine klar umrissenen Abgrenzungen besitzen.

Da die Astralebene die Schwingungsebene ist, die der Mensch als Gefühle oder Emotionen kennt, entscheidet der Zustand des Astralkörpers, in welche Astralunterebene der Mensch sich nach seinem Verlassen des physischen Körpers (physischer „Tod") wieder findet.

Die Polaritäten der Astralebene sind das, was sie auf der einen Seite als selbstlose, bedingungslose, tiefe Liebe und auf der anderen Polaritätsseite als Todesangst oder abgrundtiefem Hass kennen. Wenn sie in ihrer Persönlichkeit so entwickelt sind, dass sie Gefühlen wie Hass, großer Angst, Zorn, Neid usw. keinen Raum mehr gegeben haben, sondern mit frohem Gleichmut und selbstloser Liebe durch die Erfahrungen dieser physischen Realität gegangen sind, dann ist ihr Astralkörper ein feiner Schwingungsträger geworden. Durch Diesen sind sie dann in der Lage, auf die feineren, schneller schwingenden Unterebenen der Astralebene zu gelangen und auch Frequenzen noch höher schwingender Ebenen wahrzunehmen und diese im jeweils körperlichen Zustand zu reflektieren. Je feiner die Gefühle, desto feiner der Astralkörper, desto höher die Schwingungsfrequenz des Astralkörpers und der Astralebene.

Im Allgemeinen wird dieses absolute Gesetz (griech.: ursächlich, aus sich selbst heraus; ewiges Gesetz, welches in jeder Schwingungsebene Gültigkeit hat) als Resonanzgesetz bezeichnet.

Stellen sie sich die Astralwelt als ein Hochhaus mit 7 Stockwerken vor, wobei auf jeder Etage viele Zimmer sind. Je weiter oben, desto heller wird es. Dabei ist es den Höherschwingenden möglich, die tiefer, also langsamer schwingenden „Bewohner" wahrzunehmen und diese Unterebenen auch zu besuchen. Es wird natürlich vorausgesetzt, dass ein Wissen darüber vorhanden ist und auch die Fähigkeit, die feinstoffliche Struktur der Materie des Astralkörpers zu beherrschen.

Mein verstorbener Vater hatte zu seinen Lebzeiten keine Ahnung von Magie und Metaphysik. Er ist etwa auf „Etage 3" zu finden. Da er aber gerade erst lernt seine feinstoffliche Struktur zu verändern, kann er sein „Stockwerk" noch nicht verlassen. Da er aber auch kein finsterer Geselle war, ist er eben nicht auf Etage 1 oder 2 zu finden. Das, was man als Etage 1 oder 2 kennt, könnte man auch als Hölle bezeichnen. Die obersten Ebenen oder „Stockwerke" in unserer Analogie, beschreiben einige religiöse Schriften als Himmel.

Der ebenfalls verstorbene Vater meiner Lebensgefährtin hat eine Menge dazugelernt, seit er in der Astralwelt ist. Er hat uns in den letzten Jahren oft begleitet. Er unterstützte uns bei unserer Seminartätigkeit, wenn es um die Kontaktherstellung zu verschiedenen astralen Wesenheiten, oder zu „verstorbenen" Familienmitgliedern einiger Seminarteilnehmer ging. Er hat schon eine ganze Weile die Fähigkeit, sich auf den verschiedenen Unterebenen aufzuhalten und beliebig zwischen den verschiedenen Schwingungsfrequenzen zu wählen. Er hat sozusagen den Lift im Haus gefunden und ihn zu bedienen gelernt. Er hat die Herrschaft über die Schwingungsfrequenz seines feinstofflichen Körpers.

Wenn später von „niederen Astralwesen" die Rede ist, dann sind unter anderem „Verstorbene" auf den langsameren Schwingungsebenen der Astralwelt oder bildlich gesagt, Bewohner der unteren, 1.- 4. dunkleren Stockwerke des siebenstöckigen Hochhauses gemeint.

Es gibt auch noch eine große Menge anderer niederer Astralwesenheiten, die ich an dieser Stelle jedoch noch nicht näher erläutern möchte. Im zweiten Teil werde ich aber auch darüber genauer Auskunft geben.

Das absolute Resonanzgesetz sagt aus, dass Gleiches Gleiches anzieht und Erfahrungen auf gleicher Entwicklungsstufe ausgetauscht und reflektiert werden. Das Resonanzgesetz und auch der grobe Plan, den man sich als Seelenwesenheit schreibt, „bevor" man in diese physische Realität inkarniert (hineinbegibt, geboren wird), wird in diesem All-Belebten Kosmos von verschiedensten Wesen im Auftrag des „Einen Schöpfers" durchgesetzt.

Ihre Schutzbegleiter, die mit diesen Aufgaben betraut sind, schwingen auf den höheren Astralfrequenzen. Sie sind aber meistens in der Lage ihre Schwingungsfrequenz zu wechseln und die verschiedenen Ebenen zu besuchen. Sie können auch bei Bedarf in die Abläufe der physischen Realität einzugreifen. Aber sie sind beispielsweise nicht in der Lage Chakras (die feinstofflichen Energiezentren der Körper der Persönlichkeit) zu sehen, obwohl sie gut im Aura lesen sind. Für solche Dinge sind sie eben nicht „gemacht" worden. Das Aurasehen, also das Betrachten der Energieausstrahlungen ihres Gefühlskörpers, ist natürlich für Astralwesen ganz einfach. Es ist ja ihre Schwingungsebene. So können die Astralwesen meistens ihre Gefühle lesen und fortgeschrittene Astralwesen können auch ihre Gedanken lesen. Auf der Astralebene kann man nicht mehr lügen und man erkennt dort am Aussehen des Gefühlskörpers und seinen Ausstrahlungen, was für eine Gesinnung die Wesenheit selbst besitzt.

Genau so, wie lichtvolle Wesenheiten vorhanden sind, gibt es auch Wesenheiten, die die Aufgabe erfüllen, die dunkle Seite der Polarität zu vertreten. Dadurch ist Polarität möglich, die hier erfahren werden kann.

Mein Wunsch wäre es, dass sie die dunkle Seite nicht verachten, hassen oder auch nur fürchten. Wir sind hier um zu erfahren, um zu wählen das „Richtige" heraus zu finden.

Zu gewissen Zeiten hatten und haben auch wir ein paar Schwierigkeiten mit der dunklen Seite. Wir sind an ihren Aktionen immer unheimlich gewachsen, haben viel gelernt und eine Menge Vertrauen in unsere Fähigkeiten erhalten. Das absolute Resonanzgesetz hat dafür gesorgt, dass wir Erfahrungen bekamen, die so geartet waren, dass wir sie bewältigen konnten. Immer auf der Entwicklungsstufe, auf der wir uns gerade befanden! Irgendwann sind sie ganz oben angekommen denn je mächtiger die Dunkelwesen sind mit denen sie es zu tun haben, desto mächtiger sind sie selbst geworden.

Heute bin ich „ALLES" dankbar für die bewegenden Momente, auch wenn es mehrmals bis hart an die Grenze ging.

Und so müssen auch sie niemals denken, etwas nicht bewältigen zu können. Alles wird in diesem illusionären, materiellen Kosmos (Ordnung) so eingerichtet, dass es ihrer Bewusstwerdung und ganzheitlichen Entwicklung dient. Sie entscheiden einfach nur, ob sie dem einigenden Prinzip LIEBE, oder dem trennenden Prinzip Hass/Angst folgen. Das Wichtigste ist eine Verfeinerung ihrer Charaktereigenschaften, wenn sie in ihrer geistigen Entwicklung voranschreiten wollen.

Sicher gibt es in dieser Hinsicht noch eine Menge zu sagen und vieles auszuführen. Als allgemeine Grundlage für den praktischen Umgang mit dem Kontaktbrett möge es vorerst genügen.

*   *   *

Ihre Schutzengel

Den Kontakt zu Wesenheiten verschiedenster feinstofflicher Welten herzustellen ist eine lohnenswerte Sache. Sie lernen sehr viel über ihr eigenes Dasein. Selbsterkenntnis ist einer der Hauptzwecke ihres Hier-Seins. So ist es sinnvoll, sich zu allererst damit zu beschäftigen, wie man den Kontakt zu Wesenheiten herstellt, die uns bei unserer Entwicklung unterstützen. Ihre eigenen Schutzbegleiter sind die erste Adresse an die sie sich wenden können. Diese werden in der Umgangssprache als „Schutzengel" bezeichnet. Auch wird vom „geistigen Führer" gesprochen, oder vom „heiligen Schutzgeist".

Ihre Schutzgeister haben keinen Namen so wie Menschen einen haben. Jedoch geben sie sich manchmal Namen, die sie hören wollen oder auch ganz lustig finden wie zum Beispiel Gabriel, Raphael oder auch Seppel usw. Ihre Schutzgeister sind ganz lustige Wesenheiten mit viel Humor, gern zu Späßen aufgelegt und kichern reichlich.

Jeder Mensch hat 3 dieser Wesenheiten an seiner Seite. Sie sind Bewohner der astralen Welt. Wie schon erwähnt, wird diese Ebene auch als Emotionalebene, feinstoffliche Welt oder auch Himmelswelt bezeichnet. Ihre Schutzbegleiter waren noch nicht als Mensch geboren. Jeder Schutzengel ist genau so individuell, wie sie es als Mensch auch sind. Auch sie haben ihre eigene Persönlichkeit und glauben sie nicht, dass sich die Drei immer einig sind! Sie sind eher so wie wir, nur wesentlich toleranter als die meisten Menschen. Auch wenn sie oft durcheinander reden (vorausgesetzt sie selbst sind astral und mental hellhörig, dann können sie sich dies ja gern einmal anhören!) einigen sie sich nachher doch auf einen gemeinsamen Nenner. Da es Drei sind, könnte man vielleicht annehmen, dass, wenn 2 einer Meinung sind, sich der Dritte fügen muss. Hier ist dies nicht so. Man respektiert sich untereinander so weit, dass nur bei einheitlicher Meinung etwas mitgeteilt wird. Auch wenn einer der Drei eigentlich etwas mehr zu sagen hat und ein „kleiner Führer" unter ihnen ist, wird er seine Vormachtstellung nicht ausnutzen. Er ist es dann aber meistens, der den Kontakt zu ihnen aufnimmt und sich auch im Namen der zwei Anderen mitteilt. Deshalb ist es oft der Fall, dass irrtümlich viele Menschen glauben, sie hätten nur einen dieser Wesenheiten an ihrer Seite.

Eine Vielzahl Menschen haben sich in diesem gegenwärtigen Leben eher „gewöhnliche" Aufgaben gestellt. Damit meine ich, ohne es bewerten zu wollen, das ganz normale Leben eines Otto-Normal-Bürgers, der von all den geistigen Dingen eher keine oder wenig Ahnung hat. Dieser Mensch hat sicher Begleiter an seiner Seite, mit ganz anderen Anlagen, Fähigkeiten und Aufgabenstellungen. Jemand, der sich ganz intensiv mit dieser oder ähnlicher Materie befasst oder befassen wird, hat auch dementsprechende Begleiter. Wenn jemand ein Erfinder neuer Technologien ist, hat er Schutzgeister an seiner Seite, die sich auch mit diesen Dingen auskennen. So sind also auch die Schutzengel und ihre Fähigkeiten abgestimmt auf die Aufgaben und Anlagen des Menschen. Wenn sie dieses Buch jetzt in der Hand halten und diese Zeilen lesen, dann seien sie gewiss, ihre Schutzbegleiter frohlocken gerade, denn sie sind ganz gespannt und erwartungsvoll, endlich mit ihnen in bewussten Kontakt treten zu können! Und da sie sich immer bei ihnen befinden und ihnen meistens über die Schulter schauen, wissen sie auch ganz genau, dass die Zeit des bewussten Kontaktes und Austausches bald gekommen ist, wenn es von ihnen gewünscht wird oder der Kontakt nicht sogar schon besteht. Also seien sie sich sicher, sie werden immer und überall beobachtet. Aber sie werden sich schnell daran gewöhnen, oder es meistens einfach vergessen.

Nun brauchen sie sich aber nicht zu schämen. Ihre Schutzbegleiter bewerten sie nicht so hart, wie sie sich selbst bewerten. Auch wenn die geistige Welt alles über sie weiß, alles registriert und sie ständig beobachtet, geschieht dies zu ihrem Wohle und sie müssen sich nicht allzu sehr sorgen. Man wird ihnen nicht etwas vorhalten, was sie irgendwann einmal angestellt haben. Sie sind nicht bei ihnen, um sie zu verurteilen oder zu bewerten. Sie sind da, um ihnen zu helfen und auch, um den Plan durchzusetzen, den sie sich in Wechselwirkung und Zusammenarbeit mit anderen Wesen gewählt haben, „bevor" sie hier zu Fleisch geworden sind, sich hier inkarniert haben. Ihre Schutzbegleiter kennen ihre Pläne, Ziele und Wünsche, ihre Sorgen und auch ihre geheimsten Gedanken und Phantasien. Das müssen sie auch, um ihnen optimal helfen zu können. Sie kennen die geplante Zukunft ebenso, wie ihre ebenfalls jetzt abgehandelten „früheren" Leben. Antworten auf diese Fragen zu erhalten könnte aber schwierig werden, denn ihre Schutzbegleiter sind nicht bei ihnen um ihre Neugier zu befriedigen, sie zu unterhalten oder ihnen etwas über die Zukunft zu sagen, die ohnehin nicht feststeht. Es sei denn, es liegt etwas Besonderes in ihrem Plan. Mit Plan meine ich die Dinge, die sie als Seelenwesenheit für diese Inkarnation (Verkörperung) als Lernaufgabe beabsichtigt haben. Eventuell besitzen sie auch schon die nötige Reife, so dass sie auch schon ohne Hilfe einiges über andere Teile ihres Selbst in Erfahrung bringen konnten. Dann ist es schon möglich, ihren Begleitern diesbezügliche Informationen zu entlocken.

Wenn einige Leute immer meinen, sie würden mit ihren geistigen Führern kommunizieren, die ihnen etwas über ihre Zukunft kundtun, dann handelt es sich des Öfteren um Astralwesen eher geringerer Entwicklung, die eher an einer flachen Kommunikation und ihrer Energie interessiert sind, als daran, ihnen bei ihrer Entwicklung beizustehen und sie voran zu bringen. Oft sind solche Informationen eher von zweifelhaftem Wert. Also merken sie sich als kleine Faustregel: die lichtvollen Kräfte teilen ihnen selten **Einzelheiten** der Zukunft mit, weil sie wissen, dass SIE die Wahl haben wie sie ihre Zukunft gestalten. Die lichtvollen Kräfte stacheln nicht ihr Ego an und sagen ihnen auch nicht wie toll und in welcher Vielfalt sie als welche Persönlichkeit in anderen Leben gewirkt haben, es sei denn, sie haben durch

Arbeit an der eigenen Person schon selbst etwas darüber heraus gefunden. Sie werden ihnen auch nicht sagen, wann sie sterben werden. Was würde ihnen dies auch in ihrer gegenwärtigen Entwicklung großartig nutzen? Würde dieses Wissen sie nicht von ihrer gegenwärtigen Persönlichkeit ablenken, ihnen Angst machen oder ihr Ego kitzeln?

Es gibt aber auch Ausnahmen! Dies kommt ganz auf sie und ihren Plan an. Was sie auf jeden Fall benötigen, wenn sie mit den feinstofflichen Welten kommunizieren, ist Unterscheidungsfähigkeit und gesunden Menschenverstand. Es gibt eine Menge Menschen die diesen abgelegt haben, wenn sie mit der geistigen Welt kommunizieren. Nicht alles, was ihnen hier gesagt wird, muss den Tatsachen entsprechen. Niedere Astralwesen machen sich sogar manchmal einen Spaß daraus sie zu veralbern. Auch verstorbene Menschen wissen nicht viel mehr, wenn sie diese Welt hier verlassen haben, bis auf die Tatsache, dass der physische Tod nicht das Ende ist. Viele in den niederen Sphären wissen noch nicht einmal, *dass* sie überhaupt „tot" sind. Deshalb ist es wichtig zu lernen, wie sie vorschreiben können, mit wem sie kommunizieren und sie sollten lernen zu unterscheiden und wenn ihnen einmal eine Wesenheit nicht erlauben sollte den Kontakt abzubrechen, dann beenden sie ihn schleunigst.

Das erste und einfachste Mittel sicher und klar mit feinstofflichen Wesen in Verbindung zu treten ist das, was man gewöhnlich als Hexenbrett, Witchboard, oder auch als Quija-Brett bezeichnet. Es gibt eine ganze Reihe Angst einflößender Filme darüber. Sie sind oft gemacht worden, um den Interessierten von diesem Wissen fern zu halten. Aber es ist einfach nur ein Werkzeug und ich möchte es hier lieber ganz neutral und gewöhnlich als Kontaktbrett bezeichnen.

Manche würden als einfachste Methode der Kontaktaufnahme auch ein Pendel bezeichnen, aber ich sprach von sicherer und **klarer** Kommunikation. Eine Kommunikation mit einem Pendel ist durchaus auch möglich, sie ist nur mit größerer

Wahrscheinlichkeit mit Fehlern behaftet und sie ist auch sehr zeitraubend.

Andere stellen sich mental auf ihre Begleiter ein, stellen gedanklich ihre Fragen und haben dann die Antwort im Kopf in Form von Gedanken, Bildern oder gesprochenen Worten. Aber glauben sie es, bei vielen Menschen ist diese Art der Kommunikation eingefärbt von ihren Wünschen, ihrem Ego oder ihren Ängsten. Meistens ist der Anteil der Einfärbung doch so hoch, dass man nicht von sicherer und klarer Kommunikation sprechen kann. Wenn eine ausreichende Entwicklung der Persönlichkeit vollzogen ist, kann eine derartige Kommunikation jedoch auch ohne Einfärbung möglich sein. Aber man kann nicht den 3. Schritt vor dem Ersten machen und sie wurden auch nicht gleich bei der Einschulung in die 3. Klasse versetzt. So ist dieses Kontaktbrett der Erste und mediales Schreiben ein schon weiterer Schritt. Das heißt jetzt aber nicht, dass sie nicht mehr auf ihre innere Stimme, ihr Gefühl im Bauch, ihre Intuition oder auf die Zeichen des Lebens hören sollten. Natürlich hat all dies seine volle Berechtigung. Gerade die Auseinandersetzung damit schult ihre Fähigkeit der Beobachtung, Unterscheidung und auch ihre Medialität. Wenn sie daran interessiert sind, können sie später den Anteil ihres Egos mit Hilfe ihrer feinstofflichen Begleiter lernen heraus zu filtern. Fragen sie diesbezüglich einfach am Brett, wenn sie schon genügend Erfahrung damit haben.

* * *

Das geeignete Kontaktbrett

Bei einem solchen Kontaktbrett handelt es sich um ein Holzbrett, auf dem alle Buchstaben und auch die Zahlen von Eins bis Neun und die Null aufgedruckt, eingebrannt, aufgemalt oder auf andere Art gut lesbar gemacht sind. Des Weiteren sind die Antworten „JA" und „NEIN" auf den beiden Seiten des Brettes vorhanden. Unten in der Mitte steht meistens „DANKE" oder auch „Auf Wiedersehen". Oftmals sind auch noch in den oberen Ecken Sonne und Mond oder auch andere Symbole vorhanden. Auch ein aufrecht stehendes Pentagramm in der oberen Mitte ist ein oft verwendetes Symbol auf solchen Brettern. Die Schrift sollte blau oder in einer anderen Farbe sein, jedoch nicht unbedingt schwarz.

Dazu haben sie eine Holzplanchette, die meistens die Form eines Herzens hat. Diese hat meistens in der Nähe der Spitze ein Loch, durch das die Buchstaben, auf die dann gezeigt wird, zu sehen sind. Auch ist es möglich, mit der Spitze der Planchette auf die Buchstaben des Kontaktbrettes zu zeigen. Sie können dies individuell mit den Wesenheiten vereinbaren.

Wenn sie sich ein neues, noch unbenutztes Brett gekauft haben, *müssen* sie es nicht energetisch entladen.

Ein schon benutztes Kontaktbrett ist manchmal durch den Gebrauch energetisch „verseucht". Dieses entladen sie wie folgt: Nehmen sie am Besten einen Bergkristall oder einen schwarzen Turmalin (Schörl). Ein anderer Stein ist aber auch geeignet. Diesen legen sie nun in ihre rechte Hand und stellen sich vor, dass sie aus ihrer Hand helles weißes Licht in den Stein hineinprojizieren. Dieses Licht hat in ihrer plastischen Vorstellung die Eigenschaft, wie ein Magnet negative Energie anzuziehen und im Stein zu speichern. Der Stein ist in ihrer Vorstellung nun wie ein starker Magnet für fremde Energien. Nun legen sie den „Magneten" auf ihr Brett mit der Planchette und stellen sich intensiv vor, dass so etwas wie grauer Nebel aus dem Brett und der Planchette in den Stein hinein gezogen wird. In ihrer Vorstellung zieht der Stein alle Fremdenergie in sich hinein. Dann nehmen sie den Stein herunter und halten ihn unter fließendes Wasser und mit der Vorstellung, dass das Wasser die ganze Fremdenergie mitnimmt, visualisieren sie intensiv die Reinigung des Steines.

Bei einer weiteren Methode, die ich jedoch nur Fort-geschrittenen empfehlen würde, stellen sie sich zuerst intensiv plastisch vor, dass sie in ihrem linken Handgelenk eine Lichtsperre haben, dass keine Energie darüber hinaus in ihren Körper wandern kann. Dann nehmen sie ihre linke Hand und stellen sich mit aller Intensität der sie mächtig sind plastisch vor, dass sie alle Fremdenergie aus dem Brett ziehen. Dies machen sie etwa 1 Minute. Nun gehen sie zum Waschbecken und „entleeren" ihre Hand wieder mit ihrer Vorstellung unter fließendem Wasser. Dabei imaginieren sie, wie grauer Nebel ihre Hand verlässt, vom Wasser aufgenommen wird und im Ausguss verschwindet. Denken sie dabei: „Alle Fremdenergie verlässt meine Körper!"

Wenn sie sich nun ein solches Brett zulegen wollen, dann achten sie beim Kauf darauf, dass keine umgedrehten Pentagramme darauf abgebildet sind oder andere Symbole und Namen der eher dunklen Seite, es sei denn, sie wollen mit diesen Wesenheiten in bewussten Kontakt treten und es dabei riskieren, an ihrer Gesundheit, ihrer Entwicklung und ihrem Geisteszustand Schaden zu nehmen.

Eine einfache andere Möglichkeit, wenn sie vielleicht nicht an ein Brett herankommen sollten, ist ganz einfach. Sie nehmen ein DIN A3 Blatt und schreiben die Buchstaben in zwei oder drei Reihen gut getrennt voneinander auf. Darunter schreiben sie dann die Zahlen und noch „Ja", „Nein" und „Danke". Auf dieses Blatt Papier legen sie eine Glasscheibe. Dann nehmen sie ein kleines Glas, drehen es um und fertig ist dies kleine Hilfsmittel. Einzeln ausgeschnittene Buchstaben und Zahlen in einen Kreis auf einen glatten Tisch gelegt und ein umgedrehtes Glas in die Mitte des Kreises tun es auch. Ein Brett hat aber viele Vorteile und der wichtigste Vorteil ist ein ganz entscheidender auf den wir noch zu sprechen kommen.

Beispiele für geeignete Kontraktbretter:

*   *   *

Die Auswahl der Teilnehmer

Zu Beginn sollten sie es **nicht** allein versuchen. Am besten, sie suchen sich geistig offene Freunde, die mit etwas Respekt und auch Ernsthaftigkeit an die Sache herangehen. Alle Zweifler und Störenfriede haben hier nichts zu suchen. Optimal sind 2 bis 4 Personen am Brett. Frauen sind oft weniger kopflastig und meist auch offener für diese Dinge. Wenn sie also keine näheren Freunde haben die für diese Dinge ernsthaftes Interesse haben, dann finden sie unter den Frauen wohl eher Interessierte. Bei Jugendlichen ist dies nicht unbedingt mehr so, denn die Jugend von heute legt oft eine bemerkenswerte Offenheit und Unbekümmertheit an den Tag. Dies ist bei solchen Aktivitäten eine gute Voraussetzung, aber auch manchmal ein kleiner Risikofaktor.

Je zweiflerischer, verstandesbetonter und angespannter die Personen sind, desto schwieriger wird es.

> *Meiden sie schlecht gelaunte, sehr ängstliche, depressive Menschen und jene mit negativen Charaktereigenschaften. Das Resonanzgesetz sorgt dafür, dass Gleiches Gleiches anzieht. Dies trifft auch auf feinstoffliche Wesenheiten zu. Menschen übler Art ziehen auch gleich geartete feinstoffliche Wesenheiten an. Außerdem sollten sie selbst und alle Teilnehmer psychisch stabil sein.*

Ihre eigene Einstellung ist von Bedeutung. Das Resonanzgesetz zieht natürlich auch feinstoffliche Wesenheiten an, die auf **ihrer** Entwicklungsstufe stehen. Das heißt, wenn sie gerade erst am Anfang sind, werden sie auch nicht gleich Wesenheiten hoher Hierarchie herbeiziehen. Zu Beginn ergeben sich einfache Kontakte und Informationen, die auf ihren individuellen Entwicklungsstand zugeschnitten sind. Dinge mit denen sie umgehen können. Wenn sie ihre Schutzgeister kontaktieren können, zeigt dies schon eine gewisse Entwicklungsstufe und Reife. Seien sie einige Zeit vorher gut gelaunt. Wenn sie sich zu regelmäßigen Abenden treffen, achten sie alle schon vorher darauf, dass sie sich nicht negativen Gefühlen wie Ärger, Angst, Wut usw. hingeben, oder dass sie nicht derartig negative Gefühle festhalten, wenn sie sich beispielsweise über etwas geärgert haben. Dies sollten sie im Übrigen auch an anderen Tagen nicht tun. 2-3 Sekunden ärgerlich sein reichen doch auch aus! Als weit Fortgeschrittener ärgern sie sich ohnehin nicht mehr.

Talent oder eine schon vorherige mediale oder auch magische Ausbildung sind nicht von Nöten. Viele Menschen haben Talente in dieser Richtung ohne es zu wissen. Die Fähigkeit loszulassen, das **richtige Maß des Aufgebens** der Kontrolle, ist hierbei der Schlüssel. Wenn sie viel Energie, gute mediale Anlagen, viel Praxis und wenig Ego haben (Geltungsbedürfnis, Ängste, Wünsche, Hoffnungen), dann können sie es als Fortgeschrittener auch ganz allein, aber **erst dann!**

Das heißt aber nicht, dass es jeder erlernen kann. Bei einer Menge Menschen liegt es einfach nicht im Plan diese Dinge zu können. Mit viel Übung ist es zwar bis zu einem gewissen Maße möglich, aber das Aufwand-Nutzen-Verhältnis ist nicht gerechtfertigt. Diese Menschen haben einfach einen anderen Plan und können andere Dinge gut. Nicht jeder Mensch ist eben gleich in seinen Anlagen und Plänen.

Bei einem guten Medium ist die ätherische Vitalität (Lebensenergie) im ätherischen Doppel des physischen Körpers sehr locker mit Diesem verbunden und deshalb hat die feinstoffliche Welt es hier leichter, dem Medium die benötigte Energie für den Kontakt zu entnehmen. Dies ist etwas, was schon „angeboren" ist und was man nicht, oder nur teilweise, erlernen kann. Wenn das Medium keine oder wenig Ego-

Eigenschaften besitzt, erhält er/sie die benötigte Energie wieder zurück, wenn der Kontakt mit den positiven Kräften hergestellt wurde.

Medien, die von den Gottzugewandten Wesen im Dienste des „Einen Schöpfers" gebraucht werden, werden meist von diesen Wesen selbst und anderen Helfern ausgebildet.

* * *

Den Raum ausstatten und reinigen

Für Anfänger empfehle ich eine Kontaktherstellung am besten zur Abendzeit zu versuchen. Sorgen sie für eine angenehme Atmosphäre. Kerzen oder etwas gedämpftes Licht, welches sie in eine angenehme Stimmung voller Freude, Wohlbefinden und Leichtigkeit bringt, erleichtert den Kontakt. Natürlich geht es auch bei hellstem Sonnenschein, aber erlangen sie dann auch die richtige Stimmung? Außerdem wirkt starkes Licht zerstreuend auf die benötigten Energien. Als Anfänger sollten sie versuchen, alles so optimal zu gestalten wie sie können. Seien sie in freudevoller Erwartung ohne Anspannung. Respekt und etwas Ehrfurcht sind auch in Ordnung. Störquellen wie Telefone und die Klingel schalten sie vorher aus. Nehmen sie sich Zeit.

Spüren sie wie der Raum auf sie wirkt. Ist es angenehm, wenn sie sich auf das Erfühlen des Raumes einlassen? Reinigen sie den Raum notfalls energetisch. Dazu verwenden sie folgende einfache energetische Reinigung:

Nehmen sie sich ein beliebiges Räucherstäbchen. Legen sie es vor sich hin oder nehmen sie es in die rechte Hand. Nun stellen sie sich mit ihrer ganzen Imaginationskraft vor, dass weißes Licht von überallher kommt und von dem Stäbchen wie von einem Magneten angezogen wird. In ihrer Vorstellung verdichten sie dieses weiße Licht in diesem Räucherstäbchen mit der Gewissheit, dass sich die Lichtenergie im Raum verteilt und diesen reinigt, wenn sie das Räucherstäbchen verbrennen. Während sie dann mit dem Stäbchen in der Hand durch den Raum schreiten, halten sie möglichst die ganze Zeit die Vorstellung fest, dass weiße, reinigende Lichtenergie freigesetzt wird, die alles dunkle, unreine und negative beseitigt.

Sie können auch das Stäbchen in der einen Hand halten und sich vorstellen, dass die andere Hand weiße Lichtenergie wie ein Magnet anzieht. Dabei sollten sie aber schon im Kopf haben, dass sie die Energie für das Stäbchen verwenden wollen. Wenn sie dies nicht tun, werden sie als Anfänger die Energie schlecht wieder von der Hand trennen können. Wenn sie bemerken, dass ihre Hand anfängt zu kribbeln, haben sie genügend Energie herbeigeholt. Dann geben sie der Energie noch eine Information indem sie sich vorstellen, dass diese Energie nun in das Räucherstäbchen geht und dann beim Verbrennen alles negative auflöst oder beseitigt.

Bei einer weiteren Möglichkeit setzen sich alle Teilnehmer entspannt in einer bequemen Stellung hin und richten ihre ganze Aufmerksamkeit zu Beginn auf Liebe aus. Denken sie das Wort in ihrem Inneren, fühlen sie so intensiv die tiefste, bedingungsloseste Liebe derer sie fähig sind. Dann stellen sie sich plastisch vor, dass sie von überall her weißes Licht herbeiziehen, welches die Schwingung der Liebe trägt. Dieses Licht erfüllt sie alle vollständig und auch den Raum. Mit jedem Atemzug wird das Licht heller und heller. Imaginieren sie, dass sie selbst und der Raum in Liebe schwingen und vollständig mit der Kraft bedingungsloser Liebe angefüllt sind. Machen sie dies etwa 5-10 Minuten. Zum einen sammeln sie selbst das entsprechende Od (Prana, Chi, Ki, Lebensenergie) für einen Verkehr und zum zweiten sorgen sie dafür, dass bösartige Wesen ferngehalten werden. Diese Übung sollten sie auch machen, wenn sich der Raum für sie alle gut anfühlt. Sie stimmen sich so ideal für einen Kontakt mit den lichtvollen Kräften ein.

Es gibt sicherlich noch eine Menge anderer Rituale oder Möglichkeiten, aber weniger ist oft mehr. So vorbereitet ist der Raum der ideale Ort, um sich mit ihren Schutzgeistern und auch anderen freundlichen Wesenheiten in Verbindung zu setzen.

*   *   *

Schutz

In einigen Büchern finden sie oft überzogene Warnungen vor dem Kontaktbrett. Es gibt Menschen die behaupten, dass das Quija-Brett alle möglichen Arten von Wesen anzieht, schon allein dadurch, dass man es in seiner Wohnung oder seinem Haus hätte. Dies ist natürlich völliger Unsinn. Das Brett selbst ist nur ein Werkzeug, so wie ein Kugelschreiber auch nur ein Werkzeug ist, mit dem sie beispielsweise einen Brief schreiben. Alles was an Schwierigkeiten geschehen kann, liegt in ihnen selbst. An ihren Ängsten, ihrer Ignoranz von gesundem Menschenverstand, Respektlosigkeit, Charaktermängeln oder Unwissenheit. Wenn sie all die Hinweise beachten die ich ihnen empfehle, kann eigentlich nichts passieren. Einige nutzen aufwendige Schutzrituale, rufen Engelwesenheiten an usw. Wenn sie all dies in Anspruch nehmen wollen, nur zu! Nötig ist es aber nicht.

Wenn sie mit den Regeln des Straßenverkehrs vertraut sind und richtig denken, ist es auch ungefährlich. Sie gehen ja auch nicht im dichtesten Verkehr bei Rot über die Straße, oder spazieren auf der Überholspur der Autobahn. Ebenso vollführen sie auch keine Rituale bevor sie auf die Straße gehen, obwohl ich auch Menschen kenne, die vor jeder Fahrt erst einmal noch ein kurzes Gebet gen Himmel senden. Vertrauen sie einfach, aber nicht blind!

Natürlich gibt es auch immer wieder Menschen die aus Neugier, Machtinteressen oder anderen „niederen" Beweggründen Kontakt zu Wesenheiten der dunklen Art suchen, denn die dunkle Seite ist oft verführerisch und ein irdisches Weiterkommen **erscheint** anfänglich leichter. Wenn man sich dann aber selbst in der astralen Welt befindet, zahlt man alles mit Zins und Zinseszins zurück. Wir haben uns schon öfters mit verstorbenen Schwarzmagiern unterhalten. Sie vermissen alle ihre Freiheit und fürchten alle ihren „Meister".

Denjenigen, denen es ernst mit ihrer geistigen Entwicklung ist, werden den bewussten, willentlichen Kontakt nicht suchen. Viel später, bei weit fortgeschrittener geistiger Entwicklung, ist auch ein vorübergehender Kontakt zur eher dunklen Seite möglich und erfahrungserweiternd, **wenn es von selbst einmal in ihr Leben tritt. Suchen müssen sie aber nicht danach.** Es wird dann vielleicht deshalb dazu kommen, damit sie lernen nicht zu verachten, trotz allen Versuchungen der Machtverführung nicht zu erliegen, anderen zu helfen, egal was sie auch immer getan haben und weitere mögliche Aufgaben und Lektionen. Sie sollen auch lernen, Vertrauen zu haben, furchtlos zu sein, rein und selbstlos in ihrem Charakter, ihren Gedanken, Gefühlen und ihren Taten. Sie werden dann vielleicht auf die Probe gestellt, wie sie wählen. Es wird geprüft, ob sie bereit sind für größere Aufgaben. Wir haben schon des Öfteren erlebt, dass die lichten Kräfte dunkle Wesen schicken. Es geschieht um gewisse Menschen zu prüfen. Dabei kontrolliert das Licht das Dunkle und beschränkt dessen Befugnisse in dem Maße, wie es der Entwicklung des Prüflings dient. Aber nicht immer hält sich das Dunkle an die Vorgaben und dann ist ein wirksamer Schutz sinnvoll. Im zweiten Teil werde ich darauf näher eingehen, denn der Anfänger oder mäßig Fortgeschrittene hat auf Grund des Resonanzgesetzes kaum eine dieser Lektionen zu erwarten.

*   *   *

Vor dem ersten Kontakt

Am Besten nehmen sie sich 2 bis 4 Stühle gleicher Höhe, je nachdem, wie viele Teilnehmer es sind. Eine weitere Person sollte man als Protokollführer bestimmen. Dieser schreibt die Fragen und die gegebenen Antworten auf.

Rücken sie die Stühle so zusammen, dass sie das Brett auf ihre Knie legen können. Wenn sie die vorbereitenden Übungen gemacht haben, sprechen sie jetzt einfach laut in den Raum hinein, dass sie alle gern mit ihren Schutzgeistern sprechen wollen. Da sich diese in der Regel immer bei ihnen befinden, haben sie nun ihren Wunsch vernommen und werden dem auch gern nachkommen. Sie werden sich entweder selbst mit ihnen in Verbindung setzen oder es Anderen erlauben dies zu tun.

Wollen sie die vorbereitende Übung weg lassen, was ich dem Anfänger nicht empfehlen würde, sollten sie sich aber auf jeden Fall völlig von jeglichen Gefühlen der Angst, Trauer, Depression usw. befreien und danach, wenn sie Liebe und Freude in ihrem Inneren fühlen, legen alle Teilnehmer die am Brett sitzen, die Hände auf das Brett und stellen sich intensiv vor, dass Licht und Liebe aus ihren Händen fließt und in dem Brett gestaut wird. Lassen sie die Planchette dabei auf dem Brett liegen. Hellsichtig betrachtet, fängt ein derartig aufgeladenes Brett an, auf der feinstofflichen Ebene zu leuchten. Wenn sie das mit aller Konzentration, Liebe und Intensität tun derer sie fähig sind, hat die dunkle Seite kaum eine Chance, dieses Brett auch nur zu gebrauchen. Diese Art der Energie behagt ihnen überhaupt nicht. So können sie sich ziemlich sicher sein, dass sie auch mit den liebevollen Wesenheiten kommunizieren, die sie haben wollen. Einen Tisch mit Papierbuchstaben und auch andere notdürftige Hilfsmittel, sind viel schwieriger energetisch aufzuladen. Als Anfänger kann man sich dann nicht ganz sicher sein, auch mit den Wesen Kontakt zu haben, die man sich wünscht.

Ein weiterer Effekt ist, dass das Brett bei häufigem Gebrauch schon mit einer Menge positiver Energie aufgeladen ist, die es der feinstofflichen Welt leichter ermöglicht, Kontakt mit ihnen aufzunehmen. Auch wenn sie noch die anderen Vorbereitungen gemacht haben, ist diese Prozedur ratsam.

Nachdem das Brett nun derartig aufgeladen wurde, legen sie alle ihren rechten Zeigefinger oder auch Zeige- und Mittelfinger leicht auf die Holzplanchette. Legen sie ihre Finger jedoch nicht zu leicht auf, denn es sollte auch etwas Fläche auf der Planchette liegen, durch die die Energie fließen kann. Also nicht die Spitze des Fingers auflegen, sondern ihren ganzen Fingerabdruck.

Nun richten sie sich alle mit ihrem Bewusstsein auf das gleiche Ziel aus. Sie könnten dazu beispielsweise alle gemeinsam laut den Satz sprechen: „Wenn ein Geist im Raum ist, dann melde dich bitte und schiebe das Holz auf „Ja"." Oder auch: „Ist jemand anwesend der mit uns sprechen möchte?" Oder noch kürzer: „Ist jemand da?" Sie können sich natürlich auch einen anderen einfachen Satz ausdenken, den sie dann laut sprechen. Genau so gut ist es möglich, dass alle nur intensiv daran denken einen Kontakt herstellen zu wollen. Das laute Sprechen hilft dabei aber, sich nicht ablenken zu lassen und auch, die Gedanken dauerhaft auf die gleiche Sache ausgerichtet zu behalten. Wenn sie Gottgläubig sind, können sie auch gemeinsam beten und laut die Helfer Gottes bitten, mit ihnen in Kontakt zu treten.

Seien sie dabei nicht angespannt, sondern ganz locker.

Wenn sie schon etwas mehr Übung haben, richten sie nur noch ihr Bewusstsein darauf aus, und formulieren sie ihren Wunsch einmal verbal oder auch nur gedanklich.

Zu Beginn rate ich ihnen Geduld zu haben. Auch ihre Schutzbegleiter und andere astrale Wesenheiten müssen erst noch lernen! Diese hatten in ihrer „Grundausbildung" nicht ein Fach, indem sie in der hohen Kunst des Verkehrs mit ihnen in dieser Form genauestens unterrichtet wurden.

Unsere erste Kontaktaufnahme dauerte über 1 ½ Stunde, bevor die Planchette anfing sich auch nur etwas zu bewegen. Wir waren 8 Teilnehmer die eng gedrängt am Brett saßen und alle einen Finger an der Planchette hatten. Wir saßen nach Feierabend in einem Cafe und dachten damals noch, viele Teilnehmer erzeugen viel Energie. Aber weit gefehlt. Die feinstofflichen Wesen haben es dann viel schwerer. So viele verschiedene Energien lassen sich schwer handhaben. Und außerdem müssen die individuellen Ausstrahlungen, die sich wie feinstoffliche Schutzschilder aus Zweifel und Anspannung bilden, erst einmal durchdrungen werden. So ist es für die feinstoffliche Welt auch nicht ganz einfach, den Kontakt zu ihnen herzustellen, wenn die Vorbereitungen nicht ganz optimal sind. Also nicht gleich aufgeben, sollte der gewünschte Effekt nicht sofort eintreten! Fahrradfahren ohne Stützräder lernt man auch nicht an einem Tage und auch da gibt man nicht gleich auf.

*   *   *

Der erste Kontakt

Wenn die Energie ausreicht, bewegt die geistige Welt mit Hilfe der Energie der Teilnehmer die Planchette. Dabei fließt die Energie aus den Fingerspitzen der Teilnehmer, was häufig durch ein Kribbeln oder ein Kältegefühl empfunden wird. Die feinstofflichen Wesen gebrauchen die Lebensenergie, um mit ihrer Hilfe die Holzplanchette willentlich zu bewegen.

Wenn sie mit Wesen der Gottzugewandten Seite kommunizieren, wird die Energie durch ihr Kronenchakra (das Energiezentrum am höchsten Punkt ihres Kopfes) wieder aufgefüllt.

Anfänglich brauchen sie etwas Übung, aber nach einer Weile der Praxis sind die ersten Hürden genommen und Ja – Nein – Fragen können beantwortet werden.

Bei Menschen mit sehr guten medialen Anlagen ist auch ein korrektes, schnelles Buchstabieren der Übermittlungen gleich von Beginn an möglich. Bei solchen Menschen sitzt die feinstoffliche Energie des ätherischen Doppels „lockerer" und die feinstofflichen Wesen können die benötigte Energie besser aus dem Ätherkörper des Mediums entnehmen. Der Ätherkörper oder auch ätherisches Doppel, ist ein genaues Duplikat des physischen Körpers, welches auf den höheren Frequenzen der physischen Materie schwingt. Er beherbergt, lenkt und leitet die Lebensenergie des physischen Körpers So steht deshalb bei einem Medium mehr Energie zur Verfügung und eine klarere Übermittlung ist möglich.

Wenn nun die Planchette sich zum „JA" bewegt hat, begrüßen sie die für sie noch unsichtbaren Wesen so, als ob es ihre liebsten Freunde wären. Mit Freundlichkeit und Respekt. Dabei brauchen sie aber nicht in Richtung Planchette sprechen, denn die Wesenheiten stehen gewöhnlich neben oder hinter ihnen. Und glauben sie es ruhig, die sind anfänglich genau so aufgeregt und erfreut über den Kontakt wie sie es sind!

Nach den Begrüßungen werden sie selbst erst einmal so aufgeregt sein, dass ihnen vielleicht gar keine Fragen einfallen, also überlegen sie sich schon vorher einige Fragen. Schreiben sie diese auf. Stellen sie nicht so viele Überprüfungsfragen. Diese würden ausdrücken, dass sie den Kontakt mit vielen Zweifeln behaftet sehen.

Hinter ihren Schutzbegleitern stehen noch Wesenheiten höherer Hierarchie, die „mit erhobenem Zeigefinger" vorschreiben, welche Antworten gegeben werden dürfen und wofür sie noch nicht bereit sind. Nicht mit jeder wahren Antwort könnten sie auch richtig umgehen. Manche Informationen würden vielleicht zur Steigerung ihres Egos beitragen, sie könnten sich Sorgen machen oder auch überzogene Hoffnungen hegen, usw.

Außerdem müssen die absoluten geistigen Gesetze eingehalten werden und da Gedanke Realität erschafft, müssten ihre Zweifel widerspiegelt werden. Sie müssten dann diese erfahren in Form von unzureichender Kommunikation. So können sie dann immer noch für sich selbst entscheiden, dass dies „alles nur Unsinn" ist. Haben sie einfach keinen Zweifel an dem was sie tun. Behalten sie aber ein gesundes Maß an Kritikfähigkeit.

Stellen sie am besten Fragen zu ihrer eigenen geistigen Entwicklung, zu ihren gesundheitlichen Problemen und deren geistigen Hintergründen, falls sie solche haben. Auch zu anderen eventuellen „Schwierigkeiten" ihres täglichen Lebens, können sie gern Fragen stellen. Sie sollten aber Fragen stellen, die sie in ihrer Entwicklung weiterbringen. Ihre Schutzbegleiter werden diese gern beantworten, wenn sie ebenfalls daran mitarbeiten. Alles ohne ihre Mitarbeit werden sie ihnen auf Dauer aber auch nicht „vorkauen", denn es geht dabei auch um das Übernehmen ihrer eigenen Verantwortlichkeit. Wenn sie die Angewohnheit entwickeln, ihre eigene Verantwortung an die geistige Welt abzugeben, werden sie irgendwann vielleicht sogar aufs Glatteis geführt und die Antworten werden nicht mehr dementsprechend ausfallen. Ihre Schutzbegleiter könnten dann sogar auch niedere Astralwesenheiten an ihrem Brett zulassen, die ihnen nicht unbedingt die Wahrheit sagen. Dies dient dazu, ihnen Unterscheidungsfähigkeit und Eigenverantwortlichkeit zu geben. Es bringt sie trotz allem weiter in ihrer Entwicklung, auch wenn sie dadurch vielleicht zwischenzeitlich enttäuscht werden könnten.

Bei ehrlicher Arbeit an ihrer eigenen Persönlichkeit kann so etwas aber kaum geschehen. Ich verwende absichtlich das Wörtchen „kaum", denn es gibt immer Ausnahmen. Ihr Plan könnte ja Großes bei ihnen vorsehen. Dann werden sie in dieser Richtung auf jeden Fall gefördert. Aber Vorsicht vor ihrem falschen Ego! Dem, das gern etwas ganz besonderes sein will und das gelobt werden möchte, das stolz ist, das gern auch einmal prahlt. Das Ego, welches aber manchmal auch Selbstzweifel hat, ängstlich ist, unehrlich gegenüber sich selbst oder Anderen.

*   *   *

Die ersten Hürden sind genommen

Nachdem sie nun etwas Übung haben und ein Kontakt hergestellt ist, ist es manchmal nur möglich, Fragen lediglich mit „Ja" und „Nein" beantwortet zu bekommen. Verlieren sie deshalb aber nicht die Geduld. Eine klarere, direkte, fehlerlose Kommunikation wird schon noch kommen! Wie schon erwähnt, benötigen auch die feinstofflichen Wesen, die mit ihnen in Kontakt treten wollen, manchmal noch etwas Übung. Die ausreichende Energie für eine Bewegung der Planchette ist noch nicht unbedingt die ausreichende Menge an benötigter Energie für eine gute, klare Kommunikation. Es muss also nicht unbedingt an zu wenig Medialität liegen.

Mit den richtigen Teilnehmern gelingt es jedoch gelegentlich gleich. Es gibt weit mehr Menschen mit guten medialen Anlagen, als man im Allgemeinen annehmen würde. Sollte es bei ihnen also trotz vieler Versuche nicht zu einer klaren Kommunikation kommen, versuchen sie es einfach nochmals mit anderen Teilnehmern.

Wenn eine klare Kommunikation besteht, gibt es viel zu erfahren, zu entdecken und zu erlernen, denn ihre Schutzbegleiter sind nicht die Einzigen, mit denen sie in Kontakt treten können. Sie sollten aber nicht gleich zu schnell zu viel wollen. Lassen sie sich Zeit die Erfahrungen auch zu integrieren. Wenn sie die Energie und die Kommunikationsart ihrer Begleiter kennen, haben sie jetzt ein Verhältnis und eine Vergleichsmöglichkeit. Merken sie sich die Eigenarten ihrer Begleiter und wie sie sich ausdrücken. Verschiedene Wesenheiten fühlen sich unterschiedlich an und haben auch eine andere Art sich auszudrücken, bzw. eine andere Eigenheit, die Planchette über das Brett gleiten zu lassen.

In den feinstofflichen Welten leben sehr viele verschiedene Wesenheiten unterschiedlichster Hierarchie und Schwingungsebene, mit denen sie in Verbindung treten können. Dabei ist das Kontaktbrett eine erste und einfache

Möglichkeit. Als Fortgeschrittener stehen ihnen auch noch andere Möglichkeiten offen, auf die noch näher eingegangen wird.

Nun ein paar Ausführungen zu möglichen Fragestellungen.

Zukunftsfragen wie beispielsweise: „Werde ich mit dieser Unternehmung Erfolg haben?" Können nicht sicher beantwortet werden, denn die lichtvollen Wesenheiten wissen, dass die Zukunft zwar schon „da" ist, aber dass es unendlich viele Möglichkeiten der Zukunft gibt. Sie wählen aufgrund ihres Willens oder ihrer oft sogar unbewussten Glaubenssätze eine von diesen Wahrscheinlichkeiten aus. Dabei gestalten sie selbst ihre Zukunft, die nicht festgelegt ist. Da es also keine **konkrete** Zukunft gibt, würde eine Antwort schon in die Zukunft eingreifen. Fragen sie also lieber: „Wie kann ich mit dieser Unternehmung erfolgreich sein?" oder „Was kann ich tun, um meine Lage zu verbessern?" „Wie kann ich es erreichen in mehr Fülle zu leben?" „Wie kann ich es erreichen mit meiner Beziehung glücklicher zu sein?" „Was ist die Ursache für meine körperlichen Beschwerden?" „Was kann ich tun um diese zu beseitigen?" „Was hilft mir bei meiner spirituellen Entwicklung weiter?" „In welcher Weise sollte ich noch an meinem Charakter arbeiten?" „Welche Eigenschaften an mir hindern mich an einem weiteren Vorwärtskommen?"

Solche und ähnliche Fragen erweitern ihren Horizont und werden auch gern beantwortet, wenn sie selbst aktiv daran mitarbeiten und sich auch ehrlich bemühen.

*　　*　　*

Beendigung des Kontaktes

Bei ihren Schutzgeistern reicht einfach ein liebes „Bis bald!" wenn sie ihre „Unterhaltung" beendet haben. Jedoch erst als hellsichtiger Fortgeschrittener.

Eine andere Art der Verabschiedung wählen sie, wenn sie nicht genau wissen, mit wem sie kommunizieren. Wenn sie die Verbindung beenden wollen, bedanken sie sich einfach für die Antworten. Verabschieden sie sich einfach genau so, als ob sie ein paar gute Freunde verabschieden. Danach ziehen sie die Planchette einfach vom Brett herunter **mit der intensiven willentlichen Vorstellung**, dass die Verbindung nun beendet ist. Dann konzentrieren sie sich einfach auf ihren ganz normalen Alltag. Sollten sie Wesenheiten am Brett haben, die ihnen unheimliche Dinge mitteilen, ihnen Angst machen wollen, oder sie sich nicht gut dabei fühlen, beenden sie die Sitzung auch auf diese Art. Was auch immer geschieht, seien sie nicht ängstlich, aber trotz allem freundlich. Provozieren sie unfreundliche Wesenheiten nicht unnötig. Die Meisten haben viel Ego und wenn sie dieses anstacheln, könnten sie ihnen unbedingt zeigen wollen, was sie denn so alles „Böses" können. Einfach abwenden, keine Angst haben und nicht gleich schlafen gehen oder sich entspannen. In diesen Zuständen ist man leichter angreifbar. Wenn es aber schon sehr spät sein sollte, sie müde sind und ins Bett gehen wollen, dann legen sie sich auf den Rücken und stellen sich intensiv vor, dass ihr Körper ein Schutzschild um sich herum aufrechterhält, während sie schlafen. Dabei stellen sie sich einige Minuten lang konzentriert bildlich vor, dass sie sich in einem leuchtenden Ei befinden, welches sie mit dem Gedanken „programmieren", dass es die ganze Nacht hält. Bitten sie außerdem laut ihre feinstofflichen Begleiter sie zu schützen. Sie werden dieser Bitte sicher gern nachkommen.

*　　　*　　　*

Kontaktherstellung zu „Verstorbenen"

Kontakte zu Verstorbenen herzustellen ist in der Regel nicht allzu schwierig. Wenn es aber darum geht, ganz gezielt bestimmte Verstorbene zu kontaktieren, ist dazu schon eine gewisse Reife nötig. Wirklich berufene Medien gibt es nicht wie Sand am Meer. Auch ihre Schutzgeister sind nicht immer in der Lage, jemanden Bestimmtes zu holen. Wenn ihre Schutzgeister schon einige Übung mit ihnen hatten, verbessern sich auch ihre Fähigkeiten und sie können ihnen dann besser helfen. Seien sie also nicht gleich enttäuscht, wenn nicht alles beim ersten Versuch gelingt. Übung macht auch hier den Meister.

Dauerhafte Kontakte zu Verstorbenen bringen sie in ihrer Entwicklung nicht wirklich weiter. Auch den „Verstorbenen" bringen diese Kontakte nicht unbedingt Vorteile. Gegen ein gelegentliches Gespräch mit einem verstorbenen Verwandten ist jedoch nichts einzuwenden, auch wenn manchmal behauptet wird, dass diese dann nicht „ins Licht" gehen könnten. Dies entspricht jedoch nicht ganz den Tatsachen, auch wenn es richtig ist, dass eine zu enge Anhaftung an die materielle Welt mit den hier Hinterbliebenen, das Fortschreiten der Entwicklung in der Astralwelt „verlangsamt". Zeit hat in der astralen Welt jedoch einen viel „geringeren" Stellenwert als es in der materiellen Welt der Fall ist. Dort altert man nicht im üblichen Sinne. Man benötigt kein Essen, Trinken und auch keinen Schlaf. Wer dies aber wünscht, kann sich auch diesen Illusionen hingeben.

Es muss sich jedoch kein verstorbener Verwandter bei ihnen einfinden. Auch er hat einen freien Willen. Bei Familienfeiern kommt mein eigener verstorbener Vater auch gern vorbei und hält einen kleinen Plausch mit uns.

Es gibt auch die seltene Ausnahme, dass sie ein verstorbener Mensch längere Zeit begleitet, wenn es sein freier Wille ist und es in ihren und seinen Plan passt. Dies ist beispielsweise bei meiner Lebenspartnerin der Fall. Aber sie hat auch enorme mediale Fähigkeiten. Sie ist hellsichtig und hellhörend und in der Lage astrale, mentale und sogar noch Wesenheiten der Ebenen darüber hinaus zu sehen und mit ihnen so selbstverständlich zu sprechen, wie sie mit jedem anderen Menschen spricht.

Einige von unseren weiter entwickelten Seminarteilnehmern haben auch so etwas wie dauerhafte Gäste zu Hause. Eine dieser Frauen hat beispielsweise einen solchen „Hausgeist", der David heißt. Er kann auch mal die Blätter der Pflanzen und leichtere Gegenstände bewegen. Sie haben sich einen Code ausgemacht, wenn sie miteinander reden. Da sie ihn nicht hören kann, spricht oder fragt sie einfach laut in den Raum hinein und David bewegt dann für „Ja" ein bestimmtes Blatt und bei einer verneinenden Antwort ein anderes Blatt.

Bei einem Weitern Bekannten hält sich „Küchengeist Ralf" auf. Dessen Schwester wird von einem „Avarest" des Öfteren begleitet. Er war zu seinen Lebzeiten jemand, der sich mit Magie beschäftigte. Er schaffte einen vergessenen Ehering wieder herbei, den ihre Mutter einige hundert Kilometer entfernt vergaß. Ich könnte viele solcher kleinen Begebenheiten anführen, aber wenn sie nur ernsthaft wollen, werden sie vielleicht schon bald auch einmal ähnliche Erfahrungen machen.

Wenn sie sich mit jemandem aus ihrem Verwandtenkreis in Verbindung setzen wollen, dann stellen sie sich einfach intensiv diese Person vor. Stellen sie sich gedanklich neben sie und sprechen oder rufen sie Diese richtiggehend an. Denken sie dabei ganz intensiv ununterbrochen an ihn/sie und wünschen dabei, dass er/sie auf ihr Rufen hört. Frischen sie ihr Gedächtnis gegebenenfalls mit einer alten Fotographie auf. Es muss keinesfalls eine der Letzten sein. In der Astralwelt sieht man als Verstorbener ohnehin wieder jung aus.

Mein Vater hatte zu Lebzeiten schon in jungen Jahren den größten Teil seiner Haare verloren. Jetzt, in seinem Astralkörper, hat er wieder volles Haar. Außerdem ist er an einem Herzinfarkt verstorben, war über 60 und schon etwas beleibter. Er sieht wieder viel jünger, gesünder und vitaler aus. Es ist also nicht nötig sich den „Verstorbenen" so vorzustellen, wie er in seiner letzten Lebensphase aussah, wenn er in hohem Alter verstarb. Bei Kindern und Erwachsenen in mittlerem Alter stimmt das Aussehen des Astralkörpers und des physischen Körpers noch weitgehend überein. Sehr übergewichtige Menschen sind dort aber umgehend wieder schlank.

Wenn ihre Vorstellung Ziel gerichtet und konzentriert ist und sie es mit der nötigen Intensität tun, wird ihr verstorbener Verwandter ihre Rufe auf die Weise empfangen, dass er einfach andauernd an sie denken wird. Er kann dann entscheiden, ob er ihr Rufen einfach ignoriert, oder aber an sie denkt und sich dabei zu ihnen wünscht. In der Astralwelt kann man sich auf 3 Arten bewegen. Man kann Laufen, Fliegen oder sich Teleportieren, wobei die letzt genannte Fortbewegungsart natürlich die schnellste ist und meistens genutzt wird.

Selbstverständlich können sie auch eine andere Möglichkeit verwenden. Sie könnten sich auch vorstellen, dass ihr gedankliches Rufen so laut ist, dass die Person sie hört, egal wo sie sich befindet.

Geben sie nicht auf, falls es ihnen nicht gleich gelingen sollte. Ihre Vorstellungskraft müssen sie vielleicht erst noch richtig entwickeln. Ich habe an späterer Stelle noch ein paar Übungen angeführt, die ihnen dabei helfen können.

Wenn sie magisch sehr gut bewandert sind, könnten sie auch ein Elemental (eine mentale Wesenheit) erschaffen. Dieses kann dann ihren Verwandten von ihrem Wunsch informieren, mit ihm sprechen zu wollen.

Ebenso ist eine Energieprojektion auf ein Bild mit der entsprechenden Information möglich.

Wir hatten vor kurzem auf diese Weise den Kontakt zu der mittlerweile mentalen Persönlichkeit von Franz Bardon hergestellt. Er „war" ein fähiger Magier und Verfasser mehrerer guter magischer Schriften. Bei dem erhellenden Gespräch kam unter anderem heraus, dass er gegenwärtig längst nicht so viele Aufgaben übernimmt, wie es ihm in mancherlei Lektüre immer noch nachgesagt wird. Er erkannte unter Anderem auch, dass sein Wissen zu seinen physischen Lebzeiten begrenzt war und er nun noch so Einiges, bezüglich einiger Fehler in seinem zweiten Buch, dazu gelernt hat.

Eine weitere Möglichkeit besteht darin, dass sie einen ihrer Schutzgeister einfach laut bitten, ihnen bei ihrer Kontaktaufnahme behilflich zu sein. Einer der Drei kann dann, wenn es ihm erlaubt ist, den Kontakt herstellen und dann den „Verstorbenen" mit zu ihnen geleiten. Aber wie gesagt, wenn es ihm erlaubt ist!

Sicherlich gibt es auch noch einige weitere magische Methoden, einen Verstorbenen auch gegen seinen Willen zu holen, aber ich würde solche Dinge nicht empfehlen, denn sie übergehen den freien Willen einer anderen Person. Dies sind noch nicht alle Möglichkeiten, aber diese sollen hier erst einmal genügen.

Wenn der „Verstorbene" dann im Raum ist, versuchen sie ruhig auch einmal seine Anwesenheit zu fühlen. Fragen sie am Brett nach, wo genau er/sie steht oder fühlen sie einfach mit ihrer Hand um sich herum. Seine Nähe könnte sich in einer Art Kühle, einem leichten Kribbeln, einem kalten Schauer, einer Gänsehaut oder ähnlichen Anzeichen zeigen, wenn sie sich mit ihrer Hand in seinem/ihrem Astralkörper befinden. Prägen sie sich grundsätzlich die Art ihres Gefühls ein, bzw. ihre Empfindungen. Vielleicht bemerken sie bei verschiedenen Wesenheiten einen Unterschied in ihrer Wahrnehmung.

Bei einem Gespräch übernehmen in den meisten Fällen ihre dann schon erfahrenen Schutzgeister die direkte Kommunikation am Brett, denn ihr Verstorbener hat es ja meistens noch nicht gelernt, auf diese Weise mit ihnen in Verbindung zu treten.

Wir hatten zu Beginn eine Wesenheit da, die sich als Bommgea (wir fanden den Namen enorm lustig) vorstellte. Dieser teilte uns mit, dass er eine Art Kontakthersteller war. Er hatte schon Erfahrung und unterstützte uns bei unseren praktischen Anfängen. Dies ist eine weitere Möglichkeit der Unterstützung aus der feinstofflichen Welt, die gegeben werden kann, wenn sie der Unterstützung würdig sind oder es werden.

Nun möchte ich noch einige allgemeine Dinge zu öfter auftretenden Fragen kurz beantworten.

Manche Menschen, die an Reinkarnation (Wiedergeburt) glauben, nehmen an, dass man keinen Verstorbenen lange kontaktieren kann, bzw. nur so lange, bis sich die Seele wieder inkarniert hat. Erstens ist der Astralkörper nicht der Träger der Seele, sondern nur ein Teil der vergänglichen Persönlichkeit. Zweitens ist Zeit eine Illusion, die nur in unserer relativen Welt der Materie den Stellenwert hat, den man allgemein annimmt. In der Astralwelt hat sie eine ganz andere, viel „geringere" Wertigkeit und in der noch schneller schwingenden Mentalwelt besitzt sie eigentlich schon keine Existenz mehr im üblich verstandenen Sinne.

Nachdem alle Ereignisse und Gefühle, die mit dieser Inkarnation hier zusammenhängen, auf der Astralebene gelernt wurden, zieht sich der Wesenskern mit seinem Bewusstsein auch aus dem Astralkörper zurück und dieser beginnt sich aufzulösen. Der Auflösungsprozess geht aber nicht so vor sich, wie sich hier der physische Körper zersetzt.

Anschließend ist der Persönlichkeitskern auf der Mentalebene gegenwärtig und somit ebenfalls noch in der Lage, sich mit ihnen in Verbindung zu setzen. Dazu müssen sie aber auf jeden Fall schon ein gutes Stück zu ihrer Selbst-Verwirklichung geschafft haben. Als Anfänger ist dies nur in Ausnahmefällen möglich.

Weiterhin ist es möglich über die Grenzen von Raum und Zeit hinweg mit Persönlichkeiten zu sprechen, die in unserer Zeit keine Existenz im üblich verstandenen Sinne haben. Dazu im 2. Teil mehr.

Bis jetzt haben wir noch niemals den Fall gehabt, jemanden nicht mehr erreichen zu können, denn für den weit Fortgeschrittenen besteht auch noch die Möglichkeit, das, was im üblichen Sinne als „höheres Selbst" oder Seelenwesenheit (kausaler, buddhischer und atmischer Bewusstseinsträger in ihrer dreieinigen Individualität) bezeichnet wird, zu kontaktieren. Dies ist natürlich mit noch lebenden Personen ebenfalls möglich, denn die vergängliche Persönlichkeit ist ja nur ein Teil der höheren Seelenwirklichkeit, so wie eine Zelle unseres Körpers nur ein Teil unseres Körpers ist, in dem aber der Bauplan des Ganzen enthalten ist.

Eine Menge, vor allem christliche Menschen glauben, dass man die Toten ruhen lassen soll, dass es „Teufelswerk" sein soll, sich mit Toten zu unterhalten und andere begrenzende Dinge mehr! Hauptsächlich kommt dieser einschränkende Glaube daher, dass das Christentum den heidnischen Glauben scharf bekämpft hat, der einen tief verwurzelten Ahnenkult kannte. Über ein Orakel wurden die Ahnen befragt und diese hatten einen großen Einfluss auf das Leben der Menschen, ja es war sogar oft so, dass die Ahnen die Entscheidungen trafen und die Menschen sich deren Diktat unterwarfen. In einigen Regionen Afrikas ist es heute noch so.

Aber genau genommen empfiehlt die Bibel die Praktiken der Kontaktherstellung zu feinstofflichen Wesenheiten sogar! Schauen sie nur mal im Korinther Kapitel 14 Vers 39 und 40 nach! „… darum, liebe Brüder, befleißiget euch des Weissagens und wehret nicht, in Zungen zu reden. Lasset aber alles ehrbar und ordentlich zugehen."

Das, was hier als „reden in Zungen" bezeichnet wird, versteht man heute als Channeling. Ich werde weiter hinten auch noch darauf etwas näher eingehen.

Auch wenn sie es selbst nicht bemerken, sind ihre Ahnen sowieso des Öfteren zu Besuch bei ihnen, wenn diese ein liebevolles Verhältnis zu ihnen hatten. Sie müssen sich darüber also keine Gedanken machen. Wenn sie den Kontakt nicht übertreiben, ist es völlig in Ordnung. Leben sie nur selbst ihr Leben, machen sie es nicht von Anderen abhängig. Ihre Ahnen können ihnen raten, aber Entscheidungen müssen sie selbst treffen.

*   *   *

Niedere Astralwesen und andere kleine Schwierigkeiten

Gelegentlich kommt es vor, dass sie Wesenheiten am Brett haben, die ihnen absichtlich groben Unsinn erzählen, immer nur die Planchette von einer Seite zur anderen schieben oder keine Anderen an das Brett lassen wollen. In einem solchen Fall ziehen sie die Planchette seitlich einfach vom Brett herunter **mit der intensiven, willentlichen Vorstellung**, dass die Kommunikation und der Energiefluss beendet sind.

Dann legen die Personen mit einem liebevollen Charakter und guter Vorstellungskraft die Hände auf das Brett und stellen sich plastisch vor, dass Licht und Liebe aus ihren Händen fließt und das Brett und auch die Planchette völlig ausfüllen. Sie müssen imaginieren, dass sich das Brett dann nur noch von der Wesenheit gebrauchen lässt, die selbst in Liebe schwingt. Dann beginnen sie wieder neu.

Sollte dies immer noch nicht funktionieren, stellen sie sich dabei vor, dass die Wesenheit, die bis jetzt mit ihnen in Kontakt war, bei Gebrauch eine Art elektrischen Schlag von der liebevollen Energieform bekommt, die sie in das Brett und die Planchette projiziert haben. Wenn ihre Imaginationsfähigkeit gut entwickelt ist, ist dies in der Tat so und die niedere Astralwesenheit wird sich hüten es noch einmal zu versuchen. Eine Wesenheit, die selbst in Liebe schwingt, der wird diese Energie nichts anhaben.

Sie können die Sitzung auch einfach beenden und es an einem anderen Tag erneut versuchen.

Als Erfahrung, um einmal den Unterschied bei ihren Empfindungen im Verhältnis zu ihren Schutzgeistern zu erfühlen, taugt aber auch ein Gespräch am Brett mit diesen Astralwesenheiten der niedrigeren Schwingungsfrequenz. Es schult ihre Unterscheidungsfähigkeit.

Eine weitere Möglichkeit einer kleinen „Schwierigkeit" können feinstoffliche Wesen sein, die ihre eigene Vitalität stärken wollen. Sie sind bestrebt, vampirisch diese Energie von anderen Wesenheiten abzuziehen. Damit sie so lange wie möglich mit ihnen kommunizieren, erzählen ihnen diese Wesen all das, was sie gern hören möchten. Bei so genannten spiritistischen Sitzungen oder Seancen können solche, als verstorbener Mensch „getarnte" Wesen, mit den Teilnehmern dieser Sitzungen Kontakt aufnehmen und vor allem dem Medium gewaltige Mengen ätherische Vitalität (Lebensenergie) verschiedener Frequenzen entziehen. Gewöhnlich hat man bei solchen Erscheinungen schnell das Gefühl geschwächt zu sein, hat ein ungutes Gefühl in der Magengegend (Solar-Plexus-Chakra) und der Hellsichtige kann den Unterschied zwischen einem Verstorbenen und einer solchen Wesenheit an seinen feinstofflichen Ausstrahlungen und seinem Aussehen erkennen. Falls sie dieses ungute Gefühl in der Magengegend haben (manchmal auch an anderen Stellen), oder sollten sie sich schnell geschwächt fühlen, brechen sie den Kontakt sofort ab.

Sicher könnte ich hier noch viel mehr anführen, aber der Anfänger hat in der Regel keine anderen Schwierigkeiten oder Lernaufgaben zur Schulung seiner Unterscheidungsfähigkeit zu erwarten.

*   *   *

Mögliche größere Schwierigkeiten und eventuelle Gefahren

Wenn sie die gegebenen Ratschläge bezüglich einer Auswahl der Teilnehmer, der Vorübungen und der Aufladungen beherzigen, sind größere Schwierigkeiten nicht zu erwarten. Für den Fall, dass es jedoch trotz allem einmal zu ernsthaften Problemen kommt, hier einige Beispiele und Möglichkeiten einer ersten Hilfe.

Einige Gefahrenmöglichkeiten sind nicht zu verharmlosen, die aber immer nur in Ausnahmefällen (ein besonderer Plan), bei Nichtbeachtung der Hinweise sowie bei eigenem Missbrauch, überheblicher Leichtfertigkeit oder Respektlosigkeit geschehen können. Wenn sie sich im Straßenverkehr bewegen, beachten sie auch einige Regeln. Wenn sie aufmerksam sind und auf die Regeln achten, ist die Gefahr im Straßenverkehr eher gering. So ist es hier auch. Den Verkehr mit der geistigen Welt zu verteufeln ist genau so unsinnig wie den Straßenverkehr zu dämonisieren. Doch nun ein paar Beispiele.

Ein paar Bekannte von mir, die aber eher der dunklen Richtung etwas mehr zugeneigt sind, haben sich zu dritt an das Brett gesetzt, alle Aufladungen weggelassen und sie waren außerdem an diesem Tag auch nicht gerade gut drauf. So hatten sie eine Wesenheit am Brett, die sie vorher schon einmal in diversen finsteren Ritualen angerufen hatten. Während der Kommunikation hat das Wesen den Personen, vor allem dem besten Medium von den Dreien, erhebliche Mengen ätherischer Vitalität (Lebensenergie) abgezogen. Als sie bei der Kommunikation dann noch gefragt hatten, ob sie denn aufhören können, weil es der einen Person nicht mehr so gut ging, verneinte die Wesenheit. Sie waren dann tatsächlich noch so naiv weiter zu machen. Kurze Zeit später verlor das Medium das Bewusstsein, war leichenblass und die Atmung und der

Puls flachten erheblich ab. Da sie ganz in meiner Nähe wohnten, klingelten sie noch nachts 1.30 Uhr.

Erste Hilfe leistet man dann folgendermaßen. Man legt die rechte Hand in den Nacken der Person und pumpt mit der Vorstellung eigene ätherische Vitalität in den leblosen Körper. Dabei visualisiert man weißes Licht mit der Vorstellung, die ganze Fremdenergie aus diesem Körper zu drücken. In dem Falle hatte es dann kaum 20 Sekunden gedauert und er kam wieder zu Bewusstsein und 5 Minuten später war wieder alles in bester Ordnung.

Fassen wir noch einmal zusammen, was sie alles falsch gemacht hatten. Erstens war ihre Grundeinstellung nicht die Vorteilhafteste und da Gleiches Gleiches anzieht (Resonanzgesetz) hatten sie dann jemanden da, der so ist, wie sie selbst waren, eher etwas finster. Des Weiteren haben sie durch eine fehlende Aufladung es jeder Art Wesenheit erlaubt, ihnen über die Finger bei der Kommunikation ihre ätherische Vitalität zu entziehen. Die Wesenheiten der Lichtseite der Polarität entnehmen nur so viel Energie, wie sie für eine Kommunikation mit ihnen benötigen. Die dunkle Seite entzieht ihnen oft noch mehr Energie, als sie dafür benötigt. Sie frischen damit ihre eigene feinstoffliche Vitalität auf oder gebrauchen die Energie um in der materiellen Welt selbst einige Wirkungen bewerkstelligen zu können. Auch Täuschungsmanöver subtiler Art sind möglich.

Es kann noch dicker kommen. Nachdem die ätherische Energie abgezogen wurde, ist auch noch eine teilweise oder sogar vollständige Besetzung möglich. So geschwächt ist dann dieser Mensch sogar relativ einfach zu beeinflussen oder sogar zu übernehmen.

Auch wenn sie all diese Dinge vielleicht schwer glauben können, habe ich all dies schon erlebt.

Aber wirklich zu Schaden ist niemand dauerhaft gekommen, der sich dann wirklich um eine „Heilung" bemüht hat. All-Das-Was-Ist (manche sagen auch Gott dazu) gibt auch immer die

Möglichkeit einer Umkehr und darauf folgender Verbesserung des Zustandes. Man lernt dann einfach eine Person kennen, die einem hilft oder findet selbst „zufällig" einen Weg. In diesem Kosmos geht es auch nicht um Bestrafung, sondern um Lernaufgaben und Wählen, und Wählen kann man zu jeder Zeit etwas Anderes. Die Ursachen, die gesetzt wurden, müssen jedoch als Wirkung erfahren werden. Ansonst würde man nicht lernen können, dass der Gedanke Realität erschafft, dass man selbst der Schöpfer seiner Erfahrungen ist.

Noch eine große Gefahr ist das Abdriften des eigenen Fokus in die feinstoffliche Welt. Da sie noch hier in der physischen Realitätsebene sind, ist diese Welt hier ihr vorrangiger Erfahrungs- und Lerninhalt. Bevor sie sich **intensiv** mit der feinstofflichen Welt beschäftigen, müssen sie ihr Leben in dieser Realitätsebene weitestgehend in den Griff bekommen haben. Wenn sie mit diesem Leben hier nicht richtig klar kommen, sollten sie noch nicht zu viel Praxis mit den feinstofflichen Welten haben. Wer hier ein Narr ist, wird durch die feinstofflichen Kontakte kein anderer Mensch. Über das Resonanzgesetz zieht er auch genau das an, was er hier verkörpert. Ich kenne einige Medien mit relativ guten medialen Anlagen, die in ihrer Persönlichkeit jedoch nicht sehr stabil sind. Medien haben ohnehin oft die Eigenschaft leichter Beeinflussbarkeit, eben durch ihre besondere Konstitution. Gerade für sie ist es wichtig, auch mit beiden Beinen fest im Leben zu stehen. Unterschätzen sie diese Warnung nicht! Egofreiheit und Bodenständigkeit sind für ein gutes Medium der Garant, die Fähigkeiten zum Wohle der Allgemeinheit einzusetzen. Ohne diese Eigenschaften führen diese Anlagen bei einigen Menschen zu Selbsttäuschung, Selbstüberschätzung und zu weiteren Charakterschäden.

Eine weitere Gefahr ist das eigene Ego. Dies kann gar nicht genug betont werden. Es kann eine Kommunikation so stark einfärben, dass völlig andere Antworten hcrauskommen, als ihre feinstofflichen Begleiter eigentlich übermitteln wollen. Unbewusst „schieben" sie dann mit Hilfe ihrer eigenen Energie (nicht einmal mit ihrer Muskelkraft!) die Planchette in die Richtung ihrer unbewussten Erwartungen, Ängste oder Hoffnungen. Menschen mit einem ausreichenden Maß an Selbstdarstellungsbedürfnis können auf diese Art sich und die anderen Teilnehmer auf so gekonnte Art täuschen, dass sie es nicht einmal selbst bemerken. Ich habe auch schon beobachtet, dass diese Menschen sogar willentlich und wissentlich derartige Beeinflussungen vornehmen. Es kommt also, wie bei vielen anderen Sachen auch, auf einen ehrlichen Charakter an.

Als Hellsichtiger kann man derartige Beeinflussungen durch ein solches „Medium" leicht erkennen. Ist die Beeinflussung unwissentlich und beruht auf Hoffnungen, Erwartungen oder anderer beeinflussender Verstandestätigkeit, dann ist die den Finger verlassende Energie dunkelblau eingefärbt. Bei einer wissentlichen oder willentlichen Beeinflussung ist die Energie rot mit blau gefärbt. An der Menge der roten Energie erkennt man den Grad der willentlichen Beeinflussung. Eine sehr ähnliche Farbe tritt ebenfalls auf, wenn Ehrgeiz, also der Wille einer Person etwas unbedingt erreichen zu wollen, übermäßig vorhanden ist. Die Einfärbung der Kommunikation muss dann auch gar nicht wissentlich sein, aber sie geschieht trotz allem. Die einzige Energie die erkennen lässt, dass keinerlei Einfärbung statt findet, ist reines weiß.

Nur wenn die Teilnehmer, und dabei ganz speziell das Medium (oder die Medien), ohne Ehrgeiz sind, über einem gereinigten Charakter verfügen und ohne Wünsche, Hoffnungen und Ängste ihre Energie zur Verfügung stellen, werden optimale Ergebnisse erzielt. Man sollte unbedingt erlernen sich mit seiner Persönlichkeit herauszuhalten, also ganz neutral zu sein. Ansonsten ist die Kommunikation eingefärbt und oft mit Fehlern behaftet.

*   *   *

Ein paar unserer eigenen Erfahrungen als Beispiel einer Gesprächsgestaltung

Unsere eigene Anfangszeit in Bezug auf die Erforschung der eigenen Medialität war geprägt vom Kennen lernen des verstorbenen Vaters meiner Lebenspartnerin, den sie zu Lebzeiten durch schwierige Lebensumstände nicht kennen gelernt hatte. Auch wusste sie nicht, wo sich ihre Mutter und ihre Geschwister befanden. Am Beginn glaubte sie selbst nicht sicher, ob es denn ihr Vater auch wirklich sei. Deshalb hat sie anfänglich eine Menge „Überprüfungsfragen" gestellt.

Hier ein paar Auszüge unserer Sitzungsprotokolle. Sehr persönliche und zu „heftige" Angelegenheiten habe ich aber herausgehalten. Ansonsten sind sie weitestgehend so belassen, wie wir es damals aufgeschrieben hatten. Erwarten sie nun aber nicht, dass es genau so oder ähnlich bei ihnen ist. Jeder der hier ist, hat einen anderen Plan, andere Begleiter und sicher auch eine andere Aufgabe zu bewältigen. So wird ihre Kommunikation individuell für sie und ihren Entwicklungsstand zugeschnitten sein.

Auch wir hatten zu Beginn nicht gleich unsere Schutzgeister direkt am Kontaktbrett. Sie sollten es also bei sich selbst auch nicht gleich erwarten.

Die nun folgenden Aufzeichnungen entstanden etwa 2-3 Wochen nach unseren allerersten Versuchen, mit mir selbst als Protokollführer und hauptsächlichen Fragesteller.

Eine Aussage oder eine Frage, die mit einem Minus-Zeichen versehen ist, ist von uns gestellt worden. Bei einer Aussage von Seiten der feinstofflichen Wesen, habe ich dies mit einem Plus-Zeichen (+) gekennzeichnet.

20.04.01 erster Kontakt mit Bommgea (Lichtwesenheit der mentalen Welt) und Peggys Vater

Sitzungsprotokoll von 21.20 – 3.30 Teilnehmer: Peggy, Oliver, Stephan, Mirjam, Ich

21.20 erste Drehbewegungen mit Stefan und Peggy am Brett nach nur 30 sek.

Fragesteller: überwiegend Peter und Peggy
- Wen von uns kennst Du?
+ Oliver, Peggy.
- Aus diesem Leben?
+ Ja
- Wie lange kennst Du Peggy schon?
+ Seit 3 Jahren
- Wie heißt Du?
+ Bmotmmk
- Wie spricht sich das?
+ Bmompmanmmamam (Wir alle müssen ziemlich viel lachen)
+ Bommgea
   (Er teilte uns dann mit, dass er ein Kontakthersteller ist)
- Kann sich Peggy mit ihrem Vater in Verbindung setzen?
+ Ja
   (Er hat ihn dann geholt. Peggy empfand dabei intensive Gefühle. Sie bekam Tränen in die Augen, eine starke Gänsehaut, und das Gefühl, dass sich jetzt etwas Grundlegendes in ihrem Leben offenbaren wird. Ihr Körper begann ein wenig zu zittern).
- Hast du eine Botschaft für Peggy?
+ Ja
- *(Peggy)* Warum hat mein Vater meine Mutter verlassen?
+ Ordnung
- Stimmt es, dass ich kein Wunschkind war?
+ Nein
- Hat mich meine Mutter dabei belogen?

+ Ja

- Hat mein Vater eine Botschaft für mich?

+ Ja

- Wie viele Worte hat die Botschaft?

+ 3

+ Freude Mutter helfen

- Weißt du, wo Mutter wohnt?

+ Berlin ….. Tel. 030/xxxxxxx

- Ist Vanessa noch bei meiner Mutter?

+ Nein

- Wo ist sie?

+ Beim Vater in Berlin (Strasse und Hausnummer) Es tut mir leid, dass wir uns nicht kennen gelernt haben. Du bist so wundervoll. Du warst immer so stark. Leider war der Preis viel zu oft zu hoch. Du hattest eine so schwere Kindheit. Du hast dich trotz alledem immer um deine Geschwister gekümmert. Ich wäre gern bei dir gewesen. Ich wollte nicht so früh gehen. Ich wünschte, ich könnte dich in meine Arme nehmen und dich fest an mich drücken. Hast du Fragen an mich?

- Warum bist du in die BRD gegangen, als ich noch ein Baby war?

+ Ich war so dumm. Meine Familie lebte dort. Verzeih mir! Bitte sei nicht so traurig.

- Geht es Vanessa gut?

+ Ja

- Geht es den anderen beiden gut?

+ Nein

- Kannst Du mir sagen, was mit ihnen ist?

+ Sie haben es oft sehr schwer. Sie brauchen dich. Männer von deiner Mutter sind schlecht zu ihnen. Ich weiß, es tut dir weh. Weine nicht. Du musst dich geistig entwickeln. Hier in meiner Welt haben sie mir gesagt, ich soll dir sagen, dass du besondere Fähigkeiten hast. Du musst nur daran glauben, arbeiten und es wollen.

- Warst du auf dem Weg zu uns, als du den Unfall hattest?

+ Ja, ich wollte dich kennen lernen.
- Bist du immer bei mir und siehst mich?
+ Ja
- Soll ich meine Mutter anrufen oder hinfahren?
+ Ja
- Ihr von dir erzählen?
+ Ja
- Kann ich dir Fragen über die Zukunft stellen?
+ Ja
- Ist Jürgen gut für mich? Kennst du ihn?
+ Nein
- Ist der Laden gut für mein Wohlbefinden?
+ Ja
- Ist Peter gut für mich?
+ Ja, aber er sollte immer ehrlich zu Peggy sein.
- (Peter) Kannst du ihr eine Botschaft die nur du und Peggys Mutter kennen, geben, damit ihre Mutter ihr glaubt, dass sie mit Dir gesprochen hat?
+ Bushaltestelle heimlich getroffen. Vater hatte was dagegen. Wir hatten Sex ohne dass ihre Eltern es wussten, es erfahren durften.
- Hast du eine Botschaft für Peggys Mutter?
+ Sie soll sich endlich ändern. Habe sie lieb, geliebt. Süsse, ich vermisse Dich sooooo dollll. Du siehst soooo tollll (dabei geht er immer wiederholt auf das o und das l) aus. Dein Po ist total O.K. Ich sehe alles. Peter sollte stolz auf dich sein. Er wusste bestimmt nicht, was er an dir hatte. Sie ist sehr begehrt. Unfall gestern war kein Zufall. Auch nicht Peters. (*Peggy hatte einen Fahrradunfall an dem Tag, genau wie ich!)*
- (Peter) Kann ich Peggy noch helfen?
+ Sei gut zu ihr. Du hast ihr schon oft sehr wehgetan. Du kleiner frecher Kerl. Peggy hat dich mal so sehr geliebt, dass sie fast alles für dich getan hätte. Sogar das mit dem kleinen Zauber hat sie mit Andrea mit dem Buch getan,

aber sie liebt Dich nicht mehr so wie früher. Es ist viel für sie passiert.

- Kannst du die astralen Welten jetzt verlassen?
+ Ich möchte immer bei Peggy sein.
- (Peggy) Bist du wegen mir in den astralen Welten?
+ Ja
- Bist du ganz in unserer Nähe?
+ Umarme meine kleine Tochter
- Kannst du dich für uns sichtbar machen?
+ Nicht heute. Beim nächsten Mal vielleicht. Meine süsssse Tochter muss erst mal alles verdauen. Dein Licht in der Küche, das bin ich. Der Spiegel, das war ich auch. Sorry, bin aus Versehen rangekommen. Du brauchst keine Angst zu haben wegen 96 OK? Oktober. Peter ist für dich da. Wie in deinem Traum.
- Wissen Markus und Nico, wo ich wohne?
+ Ja, aber nicht mehr lange.
- Kannst du uns mitteilen, wie wir dich rufen können?
+ Peggy muss nach mir rufen.
- Brauchen wir den Kontaktgeist Bommgea um dich zu rufen? (*Wir mussten alle wieder sehr über den Namen lachen.*)
+ Total lustig der Name. Als ich hier her kam, musste ich nur abfeiern, genau wie ihr. Ach Peggy, ich habe dein Gespräch mit Olli vorhin in der Küche gehört.
- Kann Peggy das Holz allein bewegen?
+ Peggy kann es allein
- Kannst du auch durch Olli´s Hand allein wirken?
+ Schwer
- Können wir noch mit Anderen sprechen?
+ Ich kann auch andere holen.
- (Peter) Kannst du auch meinen verstorbenen Vater holen?
+ Ich glaube schon, kenne ihn.
- Soll ich meine Mutter dazuholen?

+ Ich werde euch ein Zeichen geben. Ich liebe meine kleine Tochter.

- Kannst du uns sagen, was mit Mirjam los ist?

+ Sie ist enttäuscht, weil es mal heute nicht um sie geht. Sorry, aber wollte meine Tochter schon lange mal sprechen.

- Wenn wir dich das nächste Mal rufen, sollen wir die erste Frage beibehalten?

+ Ja

- Was soll die 2. Frage sein?

+ Mich rufen

- Musstest du lange leiden bei deinem Tod?

+ Ich kam nicht aus dem Auto. Es ist abgebrannt. Verurteile nicht die Menschen, die fahren und trinken wie Jürgen.

- (Olli fragt) Wie kann ich meine Faulheit überwinden?

+ Wille

- Kannst du uns den Namen von Bommgea noch einmal deutlich buchstabieren?

+ BOMMGEA
(Wir haben alle wieder viel über den Namen gelacht)

- Ist Bommgea sauer, wenn wir über seinen Namen lachen?

+ Der ist das schon gewöhnt. Ich lache auch so viel wie meine süssse Tochter! Peggy soll wieder mit Malen anfangen und ich will sie auch wieder singen hören. Sie hat im Heim immer so schön gesungen. Wir alle hier in unserer Welt fanden es soooo schön. Habe von Peggy erzählt und all meine Freunde hier wollten sie sehen. Meine Kumpels sind schwer beeindruckt, aber die müssen erst eine Prüfung ablegen. Die möchten am liebsten zu euch kommen, als physische Körper. Inkarnationen.

- Wer sind deine Kumpels, Wesen aus den astralen Welten?

+ Fast alle

- (Peter) Woran liegt es, dass meine Augen derzeit so entzündet sind?
+ Deine Zerrissenheit
- Soll ich die Rückführungen weiter mit Peggy machen?
+ Ja, aber du solltest danach mehr für sie da sein. Es ist für sie so, als würde sie es noch einmal erleben.

22.04.01 Nachmittag (hatten gleich Bommgea und Peggys Vater dran)
(viele private Dinge von Peggy)

- Kann Olli schon mit s (ich brauchte gar nicht weiter fragen. Olli wollte wissen, ob er schon mit seinen Schutzgeistern reden kann.)
+ Es kann alles möglich sein, wenn man es nur will.
- Wie können wir leichter mit dir in Kontakt kommen?
+ Gemütlich machen ohne jegliche Spannung. Keine zu hohen Erwartungen. Ich werde dich dabei heute unterstützen.

(private Dinge von Peter)

(Wir machen dann Schluss, müssen zum Seminar in meine Wohnung. Es ist nämlich schon fast 15.30 Uhr. Heute ist Rückführungsseminar um 16. 00 Uhr)

22.04.01 abends nach dem Seminar in Peggys Wohnung:
fast sofort Kontakt mit Peggys Vater (Peggy, Olli, Peter, Mirjam)

+ Du brauchst keine Angst zu haben. Ich wollte, dass alle heute eine Menge schafften und habe dich dabei unterstützt. Ein paar Leute sind heute nicht so weit gegangen, sie konnten nicht zulassen. Sie waren noch nicht bereit. Mirjam, wie geht es dir?
- (Mirjam) Nicht so besonders.
+ Warum nicht? War sie nicht gut für dich?
- (Mirjam) Es tat alles ziemlich weh was passierte.

+ Es ist normal. Peggy, für dich war es auch nicht einfach heute, oder? Aber du hast viel geschafft.

- Warum waren die Telefonnummern falsch und was denkst du jetzt?

+ Vielleicht ist es besser für Peggy, wenn sie dort doch nicht hinfährt.

- Es tut ihr bestimmt noch mehr weh oder was meinst Du?

+ Damit muss endlich Schluss sein. Sie soll endlich auch einmal an sich denken, hat sie bisher noch nie getan.

- Gestern dachtest du noch ganz anders darüber.

+ Ich habe sie heute bei der Rückführung gesehen. Es war so furchtbar für sie und auch für mich. Ich wusste alles, aber es war so, als würde alles noch mal passieren. Ich wünschte, ich hätte ihr einiges ersparen können. Ich mache mir so viele Vorwürfe. Ich hätte sie nie allein lassen sollen. Sie hat mich so oft gebraucht und ich war nicht da. Was bin ich nur für ein Vater.

- Woran liegt es, dass es in Peters Wohnung mit dem Brett schlecht funktioniert?

+ W. ist oft sehr unehrlich mit dem, was sie mit den Geistern sagt. Bommgea weiß es auch.

- Kannst du dich uns heute sichtbar machen?

+ Ihr seid ganz schön ungeduldig.

- So sind wir Menschen halt.

+ Na ja, das sind mal die Erdlinge.

- (Mirjam) Du warst ja auch einmal so ein Erdling!

+ Ich weiß Mirjam

- (Mirjam) Habe ich mir den Geist zu Hause nur eingebildet?

+ Du brauchst dir deswegen keine Sorgen zu machen.

- (Peter) Kannst du mir etwas zu meinen Helfern sagen?

+ Sie bewahren dich vor Dingen die dir schaden könnten.

- Sind sie immer bei mir?

+ Ja

- (Mirjam) Außer bei deinem Fahrradunfall!

+ Manchmal brauchst auch du eine kleine Lektion.

- Kannst Du mir sagen wie viele es sind?
+ Drei
- Begleiten sie mich schon mein ganzes Leben?
+ Du hast es nur früher nie bemerkt.
- Hat jeder Mensch diese Helfer?
+ Ja, aber nicht bei Jedem setzen sie sich ein. Für dich tun sie es, weil sie dir bei deiner Lebensaufgabe helfen wollen. Du bist sehr wichtig für sie.
- Worin besteht meine Lebensaufgabe?
+ Den Menschen die Augen zu öffnen. Dein Laden würde sonst nicht ohne Gewerbegenehmigung bestehen.
- Als was bezeichnen sich diese Wesen?
+ Schutzgeister.
- Haben sie Namen?
+ Weiß nicht genau.
- Kannst du mir sagen, was ich noch bin?
+ Ein kleines Mädchen.
- Wie viele Inkarnationen habe ich noch auf der Erde?
+ Fünf. Ein Junge mit sehr viel Stolz.
- War ich das kleine Mädchen, welches ich in Delhi traf auch?
+ Ja
- Wenn ich hier nur 5 Inkarnationen habe, wo komme ich her und wer hat mich geschickt?
  ………
- Was kann ich noch tun um alle Fähigkeiten von Gott zu erhalten?
+ Dein Ego in den Griff bekommen.
- Was raten mir meine Helfer wie ich schneller vorwärts komme?
+ Du darfst nicht so herabwirkend auf die Masse wirken.
- Was kann ich noch tun um die Gottverwirklichung zu erreichen?
+ Harmonie.
- Muss ich dazu W. aus meinem Leben entfernen?
+ Das musst du selbst wissen.

- Können meine Helfer mit mir in einer mir verständlichen Sprache reden?
+ Sie teilen dir oft Dinge mit.
- Was kann ich tun, um die Verbindung noch bewusster zu machen?
+ Meditation
- Auf was soll ich meditieren?
+ Göttlicher werden.
- Soll ich einfach Gott darum bitten?
+ Ja
- Können meine Helfer mir noch etwas sagen?
+ Ja
- Können meine Helfer mir sagen, was ich tun kann um ...
+ Sorge für vollkommene Harmonie.
- Was kann ich tun um diese Harmonie zu finden ohne W. wegzuschicken?
+ Das heißt wohl, dass du keine Harmonie finden wirst. Ich denke, es ist jeder für sich selbst verantwortlich.

23.04.01 Olli und Peggy haben Kontakt in nur 10 Sekunden

- Ist Bommgea hier?
+ Ja
- Ist Papa hier?
+ Ja
- Ist noch jemand anderes hier anwesend?
+ Ja
- Kannst du ihn ans Brett holen?
+ Ja
- Wie heißt du?
+ Tommy
- Wen kennst du?
+ Conrad
- Bist du einer von Papas Kumpels?
+ Ja
- Hast du eine Botschaft für uns?

- + Ja
- + Peggy soll wieder singen, war soooo schön.
- - (Olli scherzt) Dann sing doch wieder, solltest Karriere als Rocksängerin machen.
- + Olli hat völlig Recht. Hallo ihr beiden, wie geht es euch?
- - Seid ihr Bewohner der Astralwelt?
- + Ja
- - Zeig uns die Jahreszahl, wo du den physischen Körper verlassen hast?
- + 1981
- - Kennst du Ollis Opa?
- + (Gezögert)
- - Kannst du Verbindung mit ihm aufnehmen?
- + Ja
- - Kann ich das mit der Familie machen?
- + Ja, wenn die Energie stimmt und nicht zu hohe Erwartungen bestehen.
  (Olli hat sich bedankt. Ging dann auf O.K.)
- + Nachher kommen noch eure Freunde.
- - Woher weißt du das?
- + Dein Papa hat es mir gesagt.
- - (Olli) Hat Peggy starke mediale Fähigkeiten?
- + Ja

21.23 Uhr neu angefangen

- - Bist du da, Tommy?
- + Ja
- - Sind noch andere bei dir?
- + Ja
- - Peggys Vater und Bommgea?
- + Ja
- - Noch jemand?
- + Nein
- - Wen kennst du noch?
- + Nur Peggy

(Mirjam hat ein gemaltes Bild als Geschenk für die „Geister" mitgebracht)

+ Danke Mirjam. Hänge es hier auf.
- Warum braucht ihr immer länger am Anfang, fehlt Energie?
+ Wir müssen uns erst an die Energie gewöhnen.
- Wer ist ein gutes Medium?
- Olli?
+ Nein.
- Mirjam?
+ Nein.
- Peter?
+ Nein.
- Stephan?
+ Ja.
- Peggy?
+ Jaaa
- Was befähigt Stephan und Peggy als Medium?
+ Man kann es nicht lernen.
- Sind nur die beiden eine gutes Medium für euch?
+ Nein
- Kann jemand als Channelmedium dienen?
+ Ja
- Wer ist dafür geeignet?
+ Peggy
- Kann jeder von euch durch Peggy sprechen?
+ Nein
- Könnte es Peggys Vater tun?
+ Ja
- Kannst du es?
+ Ja
- Musst du in der astralen Welt bleiben?
+ Nein
- Willst du noch in der astralen Welt bleiben?
+ Ja
- Hat es einen Grund?

+ Ja
- Welcher?
+ Nein
- Kannst du mitteilen, wo du dich befindest?
+ Zwischen Olli und Peggy.
- Können wir dich fühlen?
+ Ja
- Sitzt du auf dem Boden?
+ Nein
- Ist es für euch schwer Zahlen mitzuteilen?
+ Papa sagt: „Es wäre noch nicht an der Zeit für meine kleine süsssssssse Tochter."
- Kannst du Verbindung zu Stephans Oma herstellen?
+ Hallo Stephan
- Bist Du Oma?
+ Nein
- Wer bist du?
+ Tommy
- (Peter) Hast du wegen meinem Vater nachgefragt?
+ Ja
- Ist es möglich?
+ (Kreist erst umher) Es ist nicht so einfach Peter.
- Weist du, was mit Peter ist?
+ Ja
- Was ist mit ihm?
+ Stress, - Harmonie ist wichtig für deine geistige Entwicklung - Du wirst es mal richtig weit bringen.
- Wird Olli es in seiner Entwicklung weit bringen?
+ Er muss nur daran arbeiten.
- Mirjam?
+ Sie muss nur noch viel an sich arbeiten, aber sie hat schon eine Menge geschafft.
- Stephan?
+ Er hat beste besondere Fähigkeiten, er muss sie nur entdecken.

- (Mirjam) Kann man mit einer astralen Wesenheit eine Beziehung haben?
+ Nein
- Ist es auf dem Friedhof gut möglich mit dem Brett zu arbeiten?
+ Es kann gefährlich sein, wenn man sich nicht genug schützt.
- (Peter) Wie kann man sich am besten schützen?
+ Das müsstest du am besten wissen.

26.04.01 unser üblicher Kreis
Erich (eine Engelwesenheit, die schon einmal als Mensch inkarniert war.)

- Woher kennst du Peggy?
+ Von Peggys altem Zuhause in der Str. der Befreiung.
- Buchstabiere bitte, wann du gestorben bist.
+ 1991
- Hast du Peggy in ihrer Wohnung öfters beobachtet?
+ Ja
- (Peggy) Warum warst du bei mir?
+ Ich habe dich öfters in deiner schweren Zeit begleitet, 93.
- (Peter) Kennst du Peggys Vater Conrad F.?
+ Wir haben uns schon mal gesehen.
- Kannst du uns buchstabieren, woran du gestorben bist?
+ Krankheit
- Wie alt warst du?
+ 26
- Hast du noch lebende Verwandte hier?
+ Ja
- Sollen wir ihnen etwas ausrichten?
+ Nein
- Möchtest du uns noch etwas mitteilen?
+ Peggy, du hast trotz deiner schweren Zeit eine Menge geschafft. Ich war in dieser Zeit bei dir, sowie dein Papa. Ich habe ihn dort kennen gelernt.

- Warum warst du dort? Was für eine Verbindung hast du zu Peggy?
+ Ich betrachte die Menschen und Peggy ist mir besonders aufgefallen.
- Was ist an ihr so besonders, war es ihre Stärke, ihr Wille...?
+ Auch.
- Was war es noch?
+ Sie hat besondere Fähigkeiten.
- Kannst du uns ein paar dieser Fähigkeiten aufzählen?
+ Die schweren Zeiten sollten zu etwas führen. Wir wollten prüfen, ob sie auch wirklich die Richtige ist.
- Die Richtige für was?
+ Die Zeit wird noch dafür kommen.
- Willst du noch nicht darüber sprechen?
+ Ihr Unterbewusstsein weiß es schon. Es werden in nächster Zeit Dinge passieren, was eure Frage sicherlich beantworten wird.
- Peggy ist gestern gegen 20 Uhr umgefallen und ca. 1,5 h „weg gewesen".
+ Ich weiß
- Was ist geschehen?
+ Ich sagte doch schon, die Zeit wird es noch zeigen. Das Umfallen kann ich aber schon sagen, dass es etwas mit einen von den Fähigkeiten zu tun hat.
- Hast du eingegriffen, in den für sie schweren Zeiten?
+ Ich und Ihr Papa. Wir konnten es nicht zulassen, dass sie hier stirbt. Wir fühlten uns dafür verantwortlich. Wir hatten ihr die schweren Aufgaben gestellt um sie zu prüfen.
- Du stellst Aufgaben? Warst du in deinem letzten Leben ein spiritueller Mensch?
+ Ja, aber hätte viel anders machen können.
- (Peter) Ich denke Peggy wird eine Channelmedium.
+ Du könntest da Recht haben.
- Warst du bei der Rückführung anwesend?

+ Ich bin öfters bei dir *wie* du denkst.
- (Peter) Es heißt aber „als".
+ Klugschwätzer!
- Möchtest du Peggy noch etwas sagen?
+ Du bist sehr wichtig für hier, auch wenn es dir noch nicht bewusst ist. Es wird jetzt mit großen Schritten vorwärts gehen. Du bist was ganz Besonderes.
- (Peggy) Vielleicht lügt der ja.
+ Ich lüge nicht. Man merkt, dass das Leben stark gemacht hat. Du hast wie immer das letzte Wort, Schnatterienchen!
- Kannst du Olli und mir (Peter) noch ein paar Fragen beantworten?
+ Ja
- (Olli) Habe ich auch besondere Fähigkeiten?
+ Was denkst du?
- Ja. Liege ich damit richtig?
+ Ja
- (Peggy) Habt ihr, (Papa und du) euch zufällig kennen gelernt?
- (Peter) Es gibt keine Zufälle!
+ Da hat Peter Recht.
- (Peggy) Kennst du den Laden?
+ Ja
- Kannst du den Namen nennen?
+ ARKANA, Peggy, das war wohl wieder eine Prüfung?
- (Olli) Bringt das Jupiter Ritual etwas?
+ Alles hat eine Auswirkung.
- Ich will wissen, ob meine magischen Fähigkeiten schon dafür ausreichen.
- (Peter) Wenn du es glaubst!
+ Da hat Peter völlig Recht!
- Kann mich Peter noch unterstützen?
+ Wenn es das möchte? Zusammenhalten ist immer schön. Ihr seid ein gutes Team. Olli, du bist auch damit gemeint.

(Olli und Peggy bemerken Peter hat sich in den letzten Tagen ziemlich verändert.)

+ Deine Zweifel gegenüber W. machen dir zu schaffen. Du bist innerlich total zerrissen. Du möchtest bestimmt lieber bei jemandem sein, wo du dich richtig wohl fühlst. Liebst du sie noch?

(Peter sagt, dass er dies schlecht beantworten kann. Ein wenig vielleicht.)

- Was wird, wenn ich sie wegschicke?
+ W. wird verzweifelt sein.
- (Peter) Ich bin in einer ziemlichen Zwickmühle!
+ Du wirst weiterhin traurig sein, wenn du nicht das tust, was dich glücklich macht.
- Kennst du W.?
+ Ja, ein wenig.
- Nur vom Erzählen?
+ Ja, und vom letzten Seminar.
- Was für einen Eindruck hast du von ihr?
+ Sie sollte lernen ehrlich zu sein.
- Kannst du für Olli jemanden ranholen?
+ Heute nicht mehr!

(Verabschiedung)

27.04.01 Beginn: 21 30 Uhr
Olliver, Mirjam, Melanie, Diana und Peggy sind am Brett – sofortiger Kontakt

- (Melanie) Kann ich meinem Vater helfen?
+ Ja, wenn er die Hilfe annehmen kann.
- Wieso will er keine Hilfe annehmen, was ist der Grund für die schlechte Gesundheit des Vaters
+ Zu viele Vorwürfe
- Was kann ich tun um ausgeglichener zu werden?
+ Mach dir keine Vorwürfe wegen deinem Vater. Du musst auch an dich denken.

22.58 Uhr (Diana erzählt)

- Kannst du jemanden holen, der mich besser kennt?
+ Aber das möchte ich nicht.
- (Olli) Warum willst du nicht jemanden anderes holen?
+ Bin ich dir Rechenschaft schuldig?
- (Diana) Was kann ich tun, um meine verborgenen Kräfte zu entfalten?
+ Vertrauen, Übung, Gedankenkontrolle
  (Pause)
- Wie viele sind bei dir? (Frage an Conrad)
+ 3
- Tommy?
+ Ja
- Bommgea?
+ Nein
- Steffen?
  (keine genaue Antwort - kreist umher)
- Erich?
+ (Conrad buchstabiert) Heinrich
- (Mirjam) Kannst du mit meinem mentalen Ich Kontakt aufnehmen?
+ Ja
- Jetzt?
+ Ja
  (Mirjams Fragen wurden alle beantwortet.)
+ Nur du bist für dich selbst verantwortlich. Warte nicht darauf, dass dir Andere helfen.

01.05.01 Bärbel (Ollis Mutter), Olli, Peggy, bei Olli zu Hause

Kontakt sofort mit Peggys Papa. Er holt dann Ralf (Ollis „Küchengeist").

- Kennst Du jemanden von uns?
+ Ja, Bärbel, Olli
- Bist du in der Astralwelt?
+ Ja
- Wann bist du gestorben?

- + 1970
- - Bist du schon lange hier?
  (geht auf Danke)
- - Hast du eine Botschaft für uns?
- + Wie geht es euch?
- - Warum bist du hier?
- + Ich fühle mich wohl bei Euch.
  (Bärbel wirkte ängstlich)
- + Bärbel, brauchst dir keine Sorgen machen. Sei nicht so misstrauisch, will dir nichts Böses tun.
- - Stört es dich, dass wir so viel lachen?
- + Ich finde es schön, wenn ihr so viel lacht.
  (wir wollten eine kleine Pause - eingewilligt)
  (private Fragen gestellt.)
- - Gute Nacht

06.05.01 nachts 1 Uhr nach dem Grundlagenseminar, nur Peggy und Peter allein

- - Bist du Peggy heute Abend gefolgt?
- + Ja
- - Du sagtest Peggy und ich, wir kennen uns schon lange. Woher kennen wir beide uns?
- + Von anderen Leben
- - Von mehreren Leben?
- + Ja
- - Anderen Welten also Planeten, Dimensionsebenen oder was genau?
- + Anderen Planeten
- - Erläutere bitte etwas genauer!
- + Eine ganz andere Welt, was ihr zumindest als eine Welt bezeichnen würdet.
  (weitere Ausführungen)
- - In was für einer Beziehung standen wir zueinander?
- + Ihr wart euch sehr nahe als Paar. Ihr wart immer ein Team.

- (Peter) Ihr erzähltet letztes Mal von einer anderen Inkarnation, einem kleinen stolzen Jungen. Wann lebte er und wo?
+ Er lebt noch in New York und ist 13 Jahre alt.
- Wie alt ist das kleine indische Mädchen jetzt, welches ich auch noch bin? (Ich traf es schon einmal in Delhi, Indien).
+ 16 Jahre alt.
   (Wir hatten diesbezüglich noch mehrere Fragen)
+ Ich darf einiges nicht sagen, Süsssssssse.
- (Peter) Sind die anderen Existenzen hier dazu da, um meine Erfahrung in dieser Erdenwelt zu erweitern, warum das alles?
+ Du und Peggy haben einen Job hier.
- (Peggy) Kann ich das auch woanders machen?
+ Ja, aber mit weniger Erfolg.
- (Peter) Was ist mit meiner Chinesin, von der ich Kampfkunstunterweisungen im Traum erhalte. Ist sie nur ein Traum oder ist sie wirklich eine andere Inkarnation auf dieser Erde?
+ Traum und anderes Leben.
   (Peggy hat über die Disco gestern geredet.)
+ Gestern in der Disco sind die Männer wieder hinter ihr her gerannt, mussten wieder Schlange stehen. Die anderen Mädchen waren blass vor Neid.
- Sind solche Aufgaben (Besetzung von Frau Z. durch astralen Schwarzmagier, Spukhaus, usw.) neue Aufgabenbereiche?
+ Ja, auch
- Auch, was noch alles?
+ Peggy, bei Dir wird sich vieles ändern.
- (Peter) Bei mir auch?
+ Ja
- Soll ich mit Peggy noch mal allein die Rückführung machen?
+ Ja, es ist besser wenn.

- Sind noch viele Dinge aufzuarbeiten?
+ Ja
- (Peter) Wir haben uns ja in diesem Leben viel Zeit gelassen uns kennen zu lernen!
+ Die richtige Zeit musste kommen …

Es gab in der letzten Zeit eine Menge interessanter Versuche intriganter Art vom astralen Schwarzmagier „Techno", Peggy in Mirjams Wohnung zu locken um dort leichter Zugriff auf sie zu erhalten, sie zu besetzen und sich einige ihrer Fähigkeiten einzuverleiben. (Den Namen hat er sich selbst gegeben. Wir hatten Probleme mit ihm, weil wir einer Person geholfen hatten, die er des Öfteren besetzt hatte. Diese Frau bekam dann plötzlich ein völlig anderes Verhalten und große gewalttätige Kräfte. Danach hatte sie keine richtige Erinnerung an das vorige Geschehen) Mirjam bekam gesagt, sie habe Kontakt zu ihrem zukünftigen Sohn. Sie sah viele Bilder inklusive Gefühlen dazu – wahrscheinlich von Techno eingepflanzt – die ihr dies alles glaubhaft erscheinen ließen. Sie fragte auch viel über Peggy. Techno gab ihr zu verstehen, dass Mirjam Peggy besser helfen kann als ich, da Matthias (Mirjam´s Freund) in einem vorigen Leben ein großer Magier gewesen sei. Sie hätte sich viel mit Runen beschäftigt. So fertigte sie zu Hause in ihrer Wohnung auf sein Geheiß einen „Salzschutzkreis" mit der TYR- Rune an. Peggy solle sich da rein stellen um sich vor Techno zu schützen, schrieb sie dann in einem Brief an Peggy.

Ich hatte die Sache schon intuitiv und auch verstandesmäßig durchschaut. Ihre ganze Art zu fragen am Brett, machte es Techno leicht, ihr alles Mögliche weiszumachen. Und dann noch die Tyr-Rune! (auch als Peace-Zeichen bekannt, das Symbol für „Untergang" und die dunklen Kräfte.)

Mirjams Freund Matthias hat dann später noch einmal ohne Mirjam mit einem, ihnen schon bekannten Wesen kommuniziert:

- Hat Mirjam an dem Tag mit Peggys Vater gesprochen?
+ Nein
- Wer dann?
+ Anderer Geist.
- Wer?
+ Techno
- Warum?
+ Wegen Peggy.
- Warst du deshalb so geschwächt, weil er das Brett übernommen hatte?
+ Ja
- Hat er Mirjam was vorgespielt um Peggy herzuholen?
+ Ja
- Ist Peggy hier wirklich leichter angreifbar?
+ Ja
- Warum ist Peggy hier leichter angreifbar?
+ Ängste
- Genaue Erklärung?
+ Am reichsten mit Ängsten gefüllte Wohnung.
- Deshalb leichter angreifbar?
+ Ja
- Wie kann sie sich vor solchen Beeinflussungen schützen?
+ Ängste, die Peggy hat, besiegen.
- Meinst du Peggy kann sich davor schützen?
+ Ja
- Wie kann sich Mirjam davor schützen?
+ Ängste einbilden
- Meinst du, sie bildet sich ihre Ängste nur ein?
+ Ja
- Sorgen die bösen Geister dafür, dass sie sich ihre Ängste einbildet?
+ Ja
- Hat sie die Ängste nicht, sondern bildet sie sich diese nur ein?
+ Ja. Tyr-Rune hilft Peggy nicht, nur der böse Geist schöpft daraus Kraft.

- Ist es O.K., wenn wir am Wochenende mit Peter und Peggy Hexenbrett machen?
+ Ja
- Glaubst du, da lassen sich dann einige Dinge aufdecken?
+ Ja

Dies sind kleine Auszüge der Protokolle unserer Anfänge. Daraus hat sich noch Einiges entwickelt!

*   *   *

Kontaktherstellung zu Naturwesenheiten

Als Naturwesenheiten möchte ich hier einfach die Wesenheiten der Elemente bezeichnen. Bekannt sind sie in unserem Sprachgebrauch schon, nur glauben die meisten Menschen, dass sie nur in den Bereich der Fabeln und Märchen gehören. Dem ist aber nicht so. Es ist lediglich so, dass es Wesen der feineren Frequenzen der Materie (ätherische Ebene) oder der astralen Ebene sind und sie dem gewöhnlichen Menschen deshalb nicht sichtbar sind. So bezeichnet man die Feuerwesenheiten gewöhnlich als Salamander oder Feuergeister. Die Wasserwesenheiten als Nixen oder Undinen, die Luftwesenheiten als Feen oder Sylphen und die Erdwesenheiten als Elfen, Zwerge, Gnome oder Trolle. Es gibt aber der Namen noch andere und unserer Erfahrung nach ist dies auch nicht alles.

Bei den Erdwesenheiten oder Waldgeistern gibt es schon solche, die ich als Trolle oder Kobolde bezeichnen würde, aber es gibt auch Vorsteher von Wäldern beispielsweise, die vom Aussehen her nicht ganz so aussehen, wie man sich einen Troll vorstellen würde. Sie sind auch größer als die kleinen Kobolde und wirken erhabener.

Wasserwesen der höheren Hierarchie sind über 2 Meter groß und wunderschön in leuchtendem türkis-blau anzuschauen.

Luftgeister der höheren Hierarchie sind etwa 2,50 m groß und ihr Erscheinungsbild ist eher zartgrünlich-bläulich. Bei den Luftgeistern gibt es solche, die eher für laue Winde zuständig sind (die sind in ihrem Erscheinungsbild meist viel kleiner), aber auch solche, die gewaltige Stürme heraufbeschwören.

Hier bei uns gab es vor nicht allzu langer Zeit einen Wirbelsturm, der einen Einkaufspark und ein Autohaus dermaßen zerstörte, dass monatelange Rekonstruktionsarbeiten nötig waren um es wieder zu eröffnen (fast das gesamte Dach ist hineingestürzt). In seiner Verwüstungsschneise, die aber nicht einen einzigen Menschen verletzte, wurden Weiden mit einem Durchmesser von etwa 60 cm, einfach auf halber Höhe des Stammes abgerissen. Eine Dixi-Toilette flog über die Dächer der Neubauten. Dieses Ereignis war sogar der Presse einige Seiten Berichterstattung wert und selbst im Fernsehen gab es einen kurzen Bericht über dieses ungewöhnliche Wetterphänomen. Wir hatten diesen Sturmgeist (einen Vorsteher) kurz nach der Verwüstung bei einem Seminar gerufen und er gab uns und den Seminarteilnehmern Auskunft über die Ursachen der gezielten Zerstörung, obwohl es vom „naturwissenschaftlichen" Standpunkt in unseren Breiten bei solchem Wetter gar nicht zu einer solchen Windhose hätte kommen können. Aber die „Wissenschaft" weiß eben nichts von diesen Tatsachen. Er führte aus, dass sich an diesem teuren Einkaufspark große Mengen destruktiver Energie von vielen Menschen angesammelt hatten. Einmal durch die Überteuerung und zweitens, weil die Angestellten nicht gut behandelt und enorm ausgebeutet wurden. Das Autohaus in der Nähe, welches ebenfalls zerstört wurde, hat ebenfalls einen nicht so guten Ruf. So war der Sturmgeist der Erfüllungsgehilfe der destruktiven Gedankenkräfte der Menschen. Der Mensch ist selbst wie ein Kraftwerk. Leider haben die meisten Menschen noch nicht gelernt, diese Kräfte gezielt zum Wohle des Kosmos einzusetzen.

Feuergeister erscheinen meistens flammenrot. Dabei gibt es kleine Feuergeister, die sich um kleine Feuer tummeln, aber es gibt auch gewaltig große und mächtige Wesenheiten. Vorsteher von Vulkanen sind beispielsweise etwa 2,20-2,80 Meter groß (obwohl sie in ihrer Größe variieren können wie sie es wünschen) und leuchten in den Farben gelb-orange-rot. Als wir in Sizilien waren, hatte Peggy bei einem der letzten großen Ätnaausbrüche mit Hilfe einer Astralreise das Vergnügen einen dieser Wesenheiten näher kennen zu lernen. Wir standen ein paar Meter vom Lavastrom und nur einige Hundert Meter vom Ausbruchsschlot entfernt.

Sicher kann man hier noch vieles anführen, aber dies ist ein Praxisbuch um hauptsächlich eigene Erfahrungen zu gewinnen.

Dafür reichen die kleinen Anregungen und das hier Beschriebene völlig aus. An anderer Stelle dazu mehr.

Die Kontaktherstellung zu einigen dieser Naturwesenheiten ist mit dem Brett ebenfalls möglich. Da es sich gewöhnlich um Wesenheiten der ätherischen Ebene oder der Astralebene handelt, können sie ihre Schutzbegleiter bitten einen Kontakt für sie herzustellen. Besprechen sie dies aber vorher mit ihnen.

Wenn sie dies bejahen, was eine eigene Entwicklung voraussetzt, begeben sie sich einfach an Orte, an denen es derartige Wesenheiten mit größerer Wahrscheinlichkeit gibt. Feuerwesen halten sich gewöhnlich bei größeren Feuern, wie beispielsweise Waldbränden oder auch größeren Osterfeuern usw. auf. Bitten sie einfach um einen Kontakt. Bei einem Waldbrand in Kambodscha beispielsweise, hatten wir mit einem Feuergeist zu tun, der einen Heidenspaß dabei hatte, das von Brandrodern gelegte Feuer in eine ganz andere Richtung zu lenken. Das Feuer fraß sich dann in bewohntes Gebiet. Nach unserem ernsten Gespräch mit ihm war er so kooperativ, kein Wohnhaus und auch die Restaurants stehen zu lassen und lediglich umliegende unbewohnte und gegenwärtig nicht genutzte Überdachungen und anderes zu verheizen. „Die haben doch nicht gesagt, wo ich hin soll als sie mich gerufen haben", war unter anderem seine Antwort. Die ängstlichen, erst weinenden und schreienden Bewohner staunten nachher nicht schlecht über die Eigenheit des Feuers. Sie schoben es sicher auf ihre überall aufgestellten Geisterhäuschen, welche Opfergaben für ihre Ahnen enthielten.

Luftwesenheiten sind gegenüber dem Menschen meistens eher scheu und nicht sehr gesprächig, es sei denn, sie sind schon etwas weiter in ihrer Entwicklung, sind zu einer Beschwörung in der Lage oder haben auf andere Art und Weise sich den Respekt oder die Bekanntheit in diesen Regionen erworben. Dem Anfänger wird es einfach nicht gelingen.

Vorsteher von Wäldern und anderen schönen Plätzen in der Natur sind nicht allzu schwierig zu kontaktieren. Es sollte aber erst versucht werden, wenn ihre Unterscheidungsfähigkeit entwickelt ist, reichliche Praxis besteht und wenn ihr Charakter in Bezug auf selbstlose Liebe, Ehrlichkeit und andere wertvolle Eigenschaften entwickelt ist. Diese Wesenheiten finden gewöhnliche Menschen mit ihren negativen Eigenschaften eher, na ja - uninteressant. Waldgeister gibt es reichlich und auch die Vorsteher von Wäldern sind zugänglich und gesprächig, wenn der Mensch genügend entwickelt ist. Einfach zu einer schönen Stelle im Wald gehen und direkt nach ihnen rufen. Seien sie dabei aber nicht zu laut. Krach mögen diese Wesen nicht besonders. Richten sie schon, während sie in den Wald gehen, liebevoll ihr Bewusstsein darauf aus mit ihnen kommunizieren zu wollen. Schätzen sie die Natur und ihre Bewohner. Bitten sie ihre Schutzgeister als Vermittler tätig zu sein.

Wasserelementewesen zu kontaktieren ist ebenfalls möglich. Begeben sie sich an eine schöne Stelle an einem Flussufer. Am besten geeignet ist ein nicht zu kleiner, klarer Gebirgsfluss. Sie können auch einen schönen, großen, sauberen See aufsuchen. Flüsse sind für einen Anfänger aber besser geeignet. Suchen sie sich einsame Stellen aus. Wasserwesenheiten sind gesprächig und kontaktfreudig. Wenn sie hellsichtig sind, können sie ihre unglaubliche Schönheit bewundern. Wir hatten schon selbst Kontakt zur Herrin der Flüsse und auch zur Herrin des Flusses der Elbe, die wir bei einem Seminar einmal an den Rand des Flussufers geholt hatten. Die Seminarteilnehmer und auch wir hatten ein interessantes Gespräch mit ihr, bei dem sie uns über das demnächst kommende Elbehochwasser und die Ursachen und Hintergründe dafür unterrichtete. Dieses Hochwasser im Jahre 2002 war dann wohl auch eines der verheerendsten, welches es jemals in Deutschland gab.

Wir hatten selbst schon Kontakte und Gespräche zu den Wesenheiten aller Elemente, wobei wir aber auf ein Brett verzichteten. Näheres dazu im bald folgenden autobiographischen Roman oder im 2. Teil.

*   *   *

Praktische Übungen zur Charakter- und Bewusstseinsentwicklung

Nun noch ein paar einfache Übungen, die ihre Persönlichkeitsentwicklung und die Entwicklung ihrer Fähigkeiten unterstützen.

Ich möchte aber nochmals betonen, dass sie sich **ganzheitlich** entwickeln müssen, wenn sie in ihrer Persönlichkeitsentfaltung weit kommen wollen. Das heißt, dass sie sowohl ihren Charakter, als auch ihre Konzentrationsfähigkeit, ihren Willen, ihr Vertrauen und ihre Hingabe, ihre Empfindungsfähigkeit und auch ihren Verstand entwickeln sollten. Nur wenn alles gemeinsam ausgebildet wird, werden sie keine Rückschläge erfahren oder etwas nachholen müssen, was oft mit helfenden „Lektionen", in Form von „Schicksalsschlägen" oder anderen Schwierigkeiten, verbunden ist.

Fangen wir mit dem an, was dem Prinzip des Feuers entspricht. Der **Wille**.

In den Anfangszeiten meiner Entwicklung, hatte ich eine ganz simple Übung gemacht um meinen Willen zu schulen. Ich hatte einfach immer das Gegenteil dessen gemacht, was meine Persönlichkeit gerade wollte.

Wenn beispielsweise ein schönes Lied im Radio kam, schaltete ich es aus. Wenn schönes Wetter war und ich am liebsten raus in die Sonne gegangen wäre, habe ich Schreibarbeiten erledigt. Gegessen hatte ich nicht als sich der Hunger meldete, sondern erst eine Stunde später. Oder ich hatte mir die leckersten Sachen hingelegt dort wo ich sie oft sah, habe sie aber nicht gegessen. Dann habe ich mir angewöhnt, jeden Morgen kalt zu duschen, bin auch mal im März baden gegangen und Ähnliches. Außerdem habe ich meinem Körper abverlangt das ganze Jahr, auch den ganzen Winter über, mit kurzärmlichen T-Shirts auszukommen, auch wenn es 20 Grad minus waren.

Dies setzt natürlich voraus, dass sie die entsprechenden Glaubensüberzeugungen haben und diese auch wirklich leben. Ein paar Beispiele solcher Glaubensüberzeugungen wären, dass nichts ihrem Körper etwas anhaben kann, dass sie alles an sich selbst heilen können, usw. Wie sie sicherlich schon wissen, erschafft ihr Gedanke ihre Realität. Das heißt, dass sie erleben was sie wirklich glauben.

Am Anfang findet man alle möglichen Ausreden, möchte das Ego einem von der „Sinnlosigkeit" der Übungen überzeugen. Manchmal muss man sich überwinden, aber mit jedem Tag mehr, fällt es einem leichter und später können sie sich selbst die früher unangenehmsten Dinge als Aufgabe geben und sie werden keinen Widerspruch der Körper ihrer Persönlichkeit (physischer, astraler und mentaler) mehr erfahren. Ihr Wille, der eigentlich immer schon da war, hat jetzt einfach seine Widersacher im Ego verloren. Diese waren Unwissenheit, Faulheit, Ignoranz, Bequemlichkeit, Wunsch nach dies und das, usw. Alles, was sie jetzt tun, werden sie mit frohem Gleichmut erledigen können. Wenn dies dann so ist, brauchen sie die Übung nicht weiter. Gelegentlich lohnt es sich aber, sie zu wiederholen.

Nun gehen sie einen Schritt weiter. Jetzt schulen sie ihre Aufmerksamkeit. Beispielsweise könnten sie sich auferlegen, gewohnheitsmäßige Handlungen ganz bewusst zu machen. Wenn sie essen, dann reden sie nicht, sehen kein Fernsehen oder tun andere ablenkende Dinge. Jetzt konzentrieren sie sich ausschließlich auf das Essen. Dabei fühlen sie genau, wie sich die Gabel anfühlt, wie schwer sie ist usw. Nehmen sie jede Bewegung **bewusst** wahr. Wie die Gabel zum Mund geführt, der Mund geschlossen wird, sie den Arm auf dem Tisch neben dem Teller ablegen, wie der Gewichtsunterschied der Gabel mit Essen und ohne Speise war, wie sie bewusst kauen, den Geschmack empfinden, atmen … Sie können beim kauen auch noch im Kopf haben, dass ihnen jeder Bissen Gesundheit und Kraft gibt.

Versuchen sie dies mit einfachen Handlungen, aber auch mit komplizierten Handlungen wie beispielsweise Auto fahren. Es ist nicht so erheblich was sie tun. Es ist wichtig wie sie es tun. Mit vollster Aufmerksamkeit.

Diese Übungen schulen ihre Aufmerksamkeit, ihre Wahrnehmungsfähigkeit und ihre Konzentration. Sie lernen ihren Verstand zu einem willigen Diener zu erziehen, denn mehr sollte er im Dienste an ihnen SELBST nicht sein.

Eine weitere gute Übung:

Hören sie ihr Lieblingslied ein paar Mal hintereinander. Danach achten sie darauf, dass sie es nicht innerlich singen. Jedes Mal, wenn sie das Lied oder ein anderes innerlich singen, summen oder „hören", erinnern sie sich daran, wie unbewusst sie wieder waren, wie leicht ihre Gedanken doch machen konnten, was sie wollten.

Schreiben sie ihrem Verstand (Mentalkörper) vor, was er zu denken hat. Lassen sie ihn nicht unbeaufsichtigt. Jeden Gedanken, der Andere verletzen könnte, verfolgen sie nicht. Erzeugen sie einfach gegenteilige, positive Gedanken. Jede negative Regung im Astralkörper, als Gefühle von Wut, Hass, Angst usw., registrieren sie zwar, geben ihnen aber keinen Raum mehr. Nicht, dass sie diese völlig ignorieren sollten. Erkennen sie diese und erforschen sie ihre Ursachen in ihrem Ego. Dann nehmen sie diese Eigenschaft an sich selbst an, indem sie ihre Wertung dazu ausgleichen. Verurteilen sie sich nicht selbst für ihre, noch gegenwärtigen, charakterlichen Mängel. Denken sie ab jetzt einfach zielgerichtet an das positive Gegenteil. Das halten sie immer so. So werden sie ihre feinstofflichen Körper zu sensiblen Schwingungsträgern umformen.

Wenn sie ein Mann sind und gern nach schönen Frauen schauen, oder eine Frau sind, die nach hübschen Männern sieht, dann legen sie für sich fest, dass sie Frauen/Männern nicht nachschauen. Wenn sie die Person kennen, nur einen kurzen und freundlichen Gruß und dabei lediglich ins Gesicht schauen und auch nur für die kurze Zeit des Grußes.

Dies alles sind nur ganz einfache Beispiele, wie sie den ganzen Tag über üben können, ohne dass sie dafür extra Zeit benötigen. Denken sie sich einfach selbst noch ein paar Übungen aus wie zum Beispiel folgende:

Wenn sie ein interessantes Gespräch führen, legen sie für sich einfach fest, dass sie dieses und/oder jenes Wort nicht benutzen. Suchen sie sich Worte aus, die sie oft benutzen (und, wenn, vor und Ähnliches) Sie können auch so genannte Füllworte wie z.B.: ähm, sozusagen, verstehst du, beispielsweise, usw. ausmerzen. Später können sie dies einen ganzen Tag üben mit gleichzeitig mehreren Worten. Aber nicht als Einsiedler! Suchen sie dann auch Gespräche. Nun noch eine kleine Übung für ganz Eifrige.

Wenn sie lernen wollen, dass es ihnen egal ist, was andere Menschen über sie denken, dann kombinieren sie die Übung einfach mit folgender. Wenn sie eine Verfehlung bemerken, dann setzen sie sich einfach dort, wo sie sich gerade befinden, eine Minute hin und schließen die Augen. Ihr Gespräch sollten sie aber ruhig noch beenden. Vielleicht werden ja noch mehrere Minuten daraus! Dann denken sie das Wort LIEBE und halten dazu das Gefühl in ihrem Inneren fest. Natürlich auch in der Kaufhalle, auf der Straße (dem Gehweg natürlich), in der Bar usw. Sie lernen auf diese Art sehr schnell aufmerksam zu sein und auch, dass sie so handeln, wie sie es wollen und nicht wie es die Gesellschaft oder unsere Mitmenschen von ihnen „erwarten". Danach aber keine „Erklärungen" abgeben, sondern mit einem Lächeln einfach weitermachen wie bisher. Wenn sie sich dabei nicht wohl fühlen, dann unterlassen sie derartige Übungen einfach oder machen sie es Spaßes halber ruhig einmal in einer anderen Stadt. Da kennt sie ja niemand.

Ihre Aufmerksamkeit und ihr Wille werden mit diesen Übungen genügend geschult. Kommen wir jetzt zur Schulung der **Entspannung.**

Falls sie schon einmal autogenes Training gemacht haben und dies auch eine Weile praktizierten, wissen sie wie erholsam solch eine Tiefenentspannung für den Körper ist. Hier wollen wir noch ein Stück weiter kommen.

Nur im entspannten Zustand kann Energie richtig fließen. Wenn sie irgendwo verspannt sind, ist ein Energiefluss nicht mehr optimal gewährleistet und wenn dieser Zustand zu lange anhält, lassen auch körperliche Beschwerden nicht lange auf sich warten. In unserer heutigen Zeit sind Rückenbeschwerden keine Seltenheit, weil die Leute sich irgendwelche Lasten aufladen, die sie dauerhaft unter Anspannung halten. Erst beginnt diese Anspannung im Denken durch einengende Glaubensüberzeugungen und wird dann im Astralkörper als Angst und Sorge empfunden. Dadurch werden gewisse Energiezentren (Chakras) nicht mehr mit genügend Energie versorgt und erst dann sehen wir das Ergebnis im physischen Körper in Form von Rückenbeschwerden oder Haarausfall. Beim Haarausfall ist die Kopfhaut durch zu viel kopflastige Tätigkeit und der damit einhergehenden nervlichen Anspannung, dauerhaft unter Anspannung. Dadurch werden die Haarfollikel nicht mit genügend ätherischer Vitalität versorgt und sterben ab.

Dauerhaft entspannte Körper (physisch, astral und mentaler Körper) werden nur selten krank und sie lassen sich auch viel leichter erfühlen. Die Wahrnehmungswerkzeuge ihrer Körper sensibilisieren sich leichter.

Setzen sie sich also mit geradem Rücken auf einen bequemen Stuhl oder Sessel. Legen sie die Arme auf die Lehnen oder die Oberschenkel. Beobachten sie zu Beginn ihren Atem. Lassen sie jegliche Anspannung los. Mit jedem Ausatemzug lassen sie mehr und mehr los. Fangen sie an, sich Suggestionen zu erteilen, wie zum Beispiel: „Meine Arme sind gaaanz schwer, völlig entspannt, vollkommen entspannt." Koppeln sie ihr

Loslassen der Anspannung an ihre Atmung. Lassen sie anfänglich die Luft richtiggehend nach außen fallen, als ob sie still durch die Nase seufzen würden. Wenn ihre Atmung so richtig leicht nach außen fällt, verbinden sie dies dabei mit dem völligen Loslassen ihrer Anspannung. Sagen sie sich, dass sie mit jedem Atemzug immer tiefer und tiefer in dieses wohlige Gefühl vollkommener Entspannung versinken. Dehnen sie dieses Gefühl auf ihren ganzen Körper aus. Auch auf ihre Gesichtsmuskeln und ihre Kopfhaut. Suggerieren sie sich nicht, dass sie völlig entspannt sind, sondern dass ihr Körper völlig entspannt ist, denn sie sind nicht ihr Körper!

Verbringen sie jeden Tag etwas länger in dieser tiefen, wohltuenden Entspannung. Ich selbst habe manchmal täglich Stunden damit verbracht. Wenn sie schon eine ganze Weile geübt haben, werden sie ihrem Körper bloß noch kurz sagen müssen: „Mein Körper ist vollkommen entspannt!" und schon ist er es. Machen sie diese Übung über Wochen so lange, bis sie ihren physischen Körper gar nicht mehr fühlen. In einer Zwischenphase werden sie beispielsweise genau ihren Herzschlag im ganzen Körper fühlen können, an jeder Stelle, auf die sie ihr Bewusstsein ausrichten. Noch später wird dann der Körper in ihrer Wahrnehmung völlig verschwinden. Sie könnten dann nicht mehr sagen, wie ihre Arme liegen, ob die Beine übereinander geschlagen sind oder nicht usw., einfach weil sie sich nicht mehr als Körper fühlen, sondern nur noch als reines Bewusstsein. Wenn sie weiter üben, kommen sie dann in einen Zustand, bei dem sie auch keine Gedanken mehr haben. Eine Stunde an rein gar nichts zu denken ist dann ohne weiteres möglich. Sie baden in völliger Glückseligkeit. Dieser Zustand ist für ihren Körper so erholsam, wie einige Stunden Schlaf.

Sie schlagen gleich mehrere Fliegen mit einer Klappe. Zum einen lernen sie sich zu entspannen, schulen ihre Wahrnehmung und zum anderen lernen sie ihre Gedanken zu beherrschen. Konzentrieren sie sich immer auf ihre Suggestionen und auf das Fühlen ihres Körpers, dann später ihres Energiekörpers und seine Energieflüsse. Später fühlen sie einfach nur noch die Glückseligkeit bei vollkommener Gedankenstille. Suggestionen sind dann schon längst nicht mehr nötig. Übung macht den Meister! Nicht aufgeben!

Wille und Verstand wurden nun schon etwas geschult. Ihre feinere Empfindungsfähigkeit ist ein weiterer Aspekt, den es sich lohnt zu entwickeln. Wenn sie daran arbeiten mit Hilfe ihres Willens ihren Verstand zu beherrschen, beobachten sie genau die Gefühlsregungen ihres Astralkörpers. Wie reagiert dieser, wenn sie jemand verbal angreift, wenn man sie verleumdet, wenn man ihnen schmeichelt, sie verletzt, ihr Ego kitzelt, ihnen wütend gegenübertritt, sie beleidigt, sie belügt, ihnen Honig ums Maul schmiert, ihre Hilfe zurückweist, ihre Leistung nicht anerkennt, sie benachteiligt, ihre Hilfe wünscht, usw. Reagieren sie auf alles gleichgültig? Damit ist nicht Apathie oder Unfähigkeit zur Gemütsregung gemeint, sondern reagieren sie mit frohem Gleichmut auf all diese Herausforderungen? Haben sie ihre Gefühle so im Griff, dass sie willentlich zu der Emotion in der Lage sind, die sie wünschen zu haben und sind dann auch augenblicklich in der Lage wieder gefühlsmäßig anders zu **sein** und nicht nur so zu tun? Dies ist etwas das voraussetzt, dass sie schon eine ganze Weile an der Verfeinerung ihres Charakters gearbeitet haben. Sie kontrollieren dann die Schwingungstätigkeit ihres Astralkörpers. Erst wenn es so ist, dass sie negativen Gefühlen trotz der Herausforderungen des täglichen Lebens keinen Raum mehr geben, ist ihr Astralkörper zu einem feinen Schwingungsträger geworden, der es ihrer Seele erlaubt, zu ihnen in ihrer Persönlichkeit auf dieser Erfahrungsebene hier, gut durchzukommen. Eine ausgeprägt gute Intuition, universale Weisheit und die unmittelbar richtige Antwort auf alle Fragen des Lebens fließen ihnen dann mit Leichtigkeit zu. Sie besitzen dann einen gereinigten Astralkörper und sind dann damit in dem vorher beschriebenen Hochhaus in den Licht durchfluteten, obersten Stockwerken zu Hause.

Zu einem solchen Astralkörper gehört auch ein entsprechender Mentalkörper. Er wird in einem ebenso gereinigten Zustand sein, wenn sie auf ihre konkreten Gedanken achten und verletzende Gedanken nicht mehr haben. Richten sie diese beständig an dem für sie am höchsten zu erreichenden Ideal aus. Der Mensch wird zu dem, was er als Inhalt in seinem Bewusstsein hat. Deshalb versucht der Hindu sich beständig auf Brahma (Schöpfer) auszurichten.

Versuchen sie, in allen Menschen das zu sehen was sie wirklich sind. Menschen, die glauben das Richtige zu tun, oder die nicht anders können oder wollen, weil sie es noch nicht anders gelernt haben. Derjenige, der noch gegen die Gesetze des Lebens verstößt, der noch nicht Liebe lebt, der hat vielleicht einfach nur Angst vor diesem und jenem, hat vielleicht in seiner Kindheit oder auch später selbst keine Liebe erfahren oder weiß es einfach gegenwärtig nicht besser. Sicher gibt es auch noch mehr Gründe dafür. Viele folgen dunklen Pfaden, aus Halbwissenheit bzw. Unwissenheit.

Ich will dies nicht entschuldigen. Ich würde mir nur wünschen, dass sie lernen, niemanden zu verurteilen, sondern erst einmal hinter die Fassade zu sehen. Danach können sie sich ruhig eine Einschätzung erlauben, aber hüten sie sich vor einer Verurteilung. Meistens ist es so, dass sie selbst noch in dieser Hinsicht an einer Charakterentwicklung zu arbeiten haben, wenn sie etwas direkt betrachten und vorschnell verurteilen. Wenn sie eine Einschätzung vorgenommen haben, können sie gegebenenfalls ihre Hilfe anbieten und die Person im **angemessenen** Maß unterstützen, **wenn Hilfe gewünscht wird.**

Nicht Verurteilen heißt nicht, dass sie in die üblichen Ausflüchte vieler Esoteriker verfallen sollten: „Alles ist in Ordnung, alles ist gut, ich darf nicht verurteilen." Für viele ist dies eine Ausrede, weg zu schauen, untätig zu sein, wenn Andere in Problemen feststecken. „Sie sind für ihre Probleme ja selbst verantwortlich. Mich geht das nichts an", argumentieren sie. Wieder Andere entschuldigen ihre eigenen

Mängel damit und reden sich ein, dass alles in bester Ordnung ist und eine Arbeit an sich selbst nicht nötig wäre. Auf diese und andere „Ausreden" nehmen die Willensschwachen, Ignoranten, Faulen und Bequemen gern Zuflucht. Aber dies ist nur das Vorhandensein einer gefährlichen Amoral, die von Halbwissenden oder bewusst dunklen Kräften gepredigt wird. Sie bringt viele gute Menschen dazu, apathisch zu sein. Sie verführt zum Nicht-Handeln. Nicht-Verurteilen heißt nicht untätig zu sein oder einen unbefriedigenden bestehenden Zustand hinzunehmen. Es heißt, ohne herabzuwerten sich nach besten Kräften dafür einzusetzen, dass nicht nur sie sich entwickeln, sondern ALLES sich zum Wohle ALLER entfaltet. Sie sind aufgefordert zu wählen. Übernehmen sie Mitverantwortung für ALLES oder nur für sich selbst? Dienen sie sich selbst **und** anderen?

Das Licht **kämpft** nicht **gegen** das Dunkel. Die lichtvollen Kräfte setzten sich selbstlos ein, allen Wesen Hilfe zu geben, die bereit sind, sie zu erhalten oder diese Hilfe wünschen. Und sie setzen Hilfe so ein, wie es dem Hilfsbedürftigen am meisten nutzt. Nicht seinem falschen Ego, sondern der Seele und der ganzen Schöpfung.

Sie können die Entwicklung ihrer Medialität nicht von ihrer Charakterentwicklung trennen. Hohe mediale Fähigkeiten bringen auch Verantwortung mit sich. Wissen und Macht sind große Verführer. Ohne einen entwickelten Charakter werden sie schnell zu Ego-Fallen, die sie von ihrem wahren SELBST entfernen. Die Welt ist voll von selbsternannten Messiassen, selbsternannten Heilern und falschen Propheten.

Fast in jeder größeren Kleinstadt gibt es machtbesessene Menschen, die ihrem Ego verfallen sind und nur ihrem eigenen Geldbeutel auf Kosten der Allgemeinheit dienen. Manche von ihnen praktizieren das, was üblicherweise als „schwarze Magie" bezeichnet wird. Oft sind diese Personen in der Öffentlichkeit sehr bekannt und in gewissen elitären Vereinigungen tätig, die sich öffentlich als die guten, verantwortungsvollen Förderer gewisser sozialer Projekte darstellen. Auf Weihnachtsmärkten Glühwein verkaufen, natürlich für einen guten Zweck, ist eine gute Möglichkeit den Wolf im Schafspelz zu verstecken. Der Schein kann oft trügen. Natürlich sind nicht alle, die in diesen Vereinigungen tätig sind, solche Menschen. Es ist auch nicht verurteilenswert. Es ist nur nicht erstrebenswert, wenn sie sich SELBST wichtig sind.

Macht in weltlicher Hinsicht, hat schon manchen Menschen zu Fall gebracht. Die Verführung zum Missbrauch geistiger Fähigkeiten ist ungleich höher und der Schaden für ihre SELBST - Entwicklung auch. Stellen sie ihre Fähigkeiten in den Dienst an ihre Mitmenschen und der Lohn, den sie nicht erwarten sollten, wird von ganz allein kommen. Wenn sie ihn dann erhalten, wird er ihnen nichts mehr bedeuten. Und erst dann können sie ihn bekommen, ohne dass es ihnen schaden könnte.

*   *   *

Mediales Schreiben

Wenn sie sich nun mit Hilfe des Brettes reichlich eigene Praxis und Unterscheidungsfähigkeit erworben haben, dann **und erst dann**, können sie den nächsten Schritt sicher gehen. Vorausgesetzt auch, dass sie wenig falsches Ego und eine gute Konzentrationsfähigkeit besitzen. Ihre medialen Fähigkeiten sollten so weit entwickelt sein, dass sie ganz allein mit dem Brett arbeiten können und zudem ein Buchstabieren zügig vonstatten geht.

Beim medialen Schreiben ist die Möglichkeit einer Einfärbung durch das eigene Ego viel wahrscheinlicher und viele die sich auf diese Art mit höheren Welten in Verbindung setzen wollen, fallen Selbsttäuschungen zum Opfer, oder auch auf Astralwesen mäßiger Entwicklung herein. Deshalb ist es nötig, ihnen etwas weiteres Grundwissen zu geben, damit sie diesen Dingen nicht erlegen sind.

Beim Kontaktbrett nutzt die feinstoffliche Welt ihre Lebensenergie, um dann mit Hilfe der Imagination und ihrer Energie, die Planchette zu bewegen. Beim medialen Schreiben entfernen sie ihre eigene Kontrolle aus ihrem Arm und überlassen der Wesenheit, mit der sie kommunizieren möchten, diesen Arm. Dabei sind einige Sicherheitshinweise angebracht, denn ein Teil der Energie und seiner Prägung kann sich nach dem Zurückziehen des Anderen noch in ihrem Arm befinden und sich auf sie auswirken. Bei Wesen der Gottzugewandten Seite der Polarität ist dies kein Problem. Wenn sie mit ihnen in ständigem Kontakt stehen, gibt es fast immer eine aufsichtsführende Wesenheit, die für ihren Schutz und die Beobachtung des Verkehrs mit ihnen zuständig ist.

Wenn es sich bei ihrem Verkehr um Wesenheiten handelt, die ihr Leben nicht dem EINEN SCHÖPFER gewidmet haben, gibt es diese Aufsicht nicht. Es muss sich dabei nicht unbedingt um negative Wesen handeln. Auch verstorbene Menschen und andere Astralwesen die in ihren eigenen Lernerfahrungen stecken, können ihren Arm nutzen um sich mitzuteilen, wenn sie damit einverstanden sind.

Zu Beginn holen sie sich einen leicht schreibenden Stift, ein großes Blatt Papier und eine feste Unterlage. Setzen sie sich an einen nicht zu hohen Tisch oder legen sie die Unterlage auf ihre Oberschenkel. Zu Beginn schützen sie sich erst einmal, indem sie sich vorstellen, dass sie an ihrem Oberarm eine Lichtsperre haben durch die keine Energie aus ihrem Arm in ihren Körper gelangen und auch die Wesenheit nicht ihren Körper übernehmen kann. Nehmen sie ruhig ihre linke Hand (wenn sie mit der rechten Hand schreiben) und mit der Vorstellung dass helles weißes Licht aus ihren Fingerspitzen kommt, schaffen sie in ihrer Vorstellung eine helle Wand aus Licht in ihrem Arm. Keine Energie, die nicht ihre ist, kann nun über ihren Arm in ihren Körper gelangen. Dies stellen sie sich so plastisch vor, wie sie nur können. Seien sie sich völlig gewiss, dass dies auch so ist.

Nun nehmen sie den Stift in ihre Hand und legen den Arm ganz entspannt mit dem Stift in der Hand auf ihre Unterlage oder den Tisch. Entspannen sie ihren Arm vollständig. Jeder Muskel ist völlig entspannt. Stellen sie sich nun plastisch vor, wie sie ihre kontrollierende Energie aus ihrem Arm in ihren Körper zurückziehen. Sie können auch einfach nur wollen, dass alle günstigen Voraussetzungen geschaffen werden, die einen Kontakt unterstützen. Wenn sie dies im Kopf haben, wird schon das geschehen, was für eine Kommunikation günstig ist. Ihr Verstand braucht nicht unbedingt Erklärungen, wenn ihr Glaube ausreicht. Sagen sie ihren Schutzbegleitern, dass sie ihren Arm übernehmen sollen. Seien sie geduldig. Eine unserer Bekannten hat beim ersten Versuch 1,5 Stunden Geduld gehabt und lediglich ein paar Kritzel erhalten. Beim zweiten Versuch dauerte es dann nur noch eine halbe Stunde und erste, noch krakelige Buchstaben konnten gezeichnet werden. Beim dritten Versuch ging es dann schon nach wenigen Minuten und einfache Wörter waren möglich. Später wurden es dann viele Din A4 Seiten mit Konversation. Verlieren sie also nicht die

Geduld, falls es nicht sofort tadellos funktioniert. Wenn sie selbst die Konversation nicht einfärben, erhalten sie völlig andere Schriftbilder als die ihrer eigenen Schrift. Im Allgemeinen kann man sagen, dass Wesenheiten des Lichts eine harmonische, geschwungene Schrift haben. Wesenheiten oder auch „Verstorbene" die noch in negativen Mustern fest hängen, haben eher eine zackige und kantige Schrift, die zudem oft in ihrem Zeilenverlauf nach unten geneigt ist.

Wir hatten beispielsweise einmal eine junge Frau die mit 17 Jahren vergewaltigt und getötet wurde. Ihr Mörder läuft immer noch frei herum. Als Astralwesen hat sie lange an ihrem Hass festgehalten und immer versucht, ihrem Mörder von der Astralebene aus zu schaden. Sie hat ihm vampirisch Energie entzogen, hat ihn in negativen Mustern festgehalten und auch auf andere Arten versucht, ihm schwer zu schaden. Sie hatte einen Schriftverlauf, bei dem jedes Wort stark nach unten abfiel und nach jedem Wort hat sie auf der Zeile wieder angefangen und trotz allem ging auch der Zeilenverlauf noch nach unten. Mittlerweile lernte sie aber mit etwas Hilfe von diesen Gefühlen des Hasses loszulassen und sie hat auch wieder gelernt Freude zu empfinden. Wenn eine solche Person ihren Arm benutzen durfte, sollten sie ihn danach wieder reinigen. War ihre Sperre gut, ist nichts von der Energie außerhalb ihres Armes in ihrem Körper. Dann stellen sie sich bildlich eine Sperre, etwa bei der Hälfte ihres linken Unterarms vor. Wenn diese dann besteht, nehmen sie ihre linke Hand, die magnetische Eigenschaften besitzt, und stellen sich beim Überstreichen über den rechten Arm und die Hand intensiv vor, dass sie die ganze Fremdenergie aus ihrem rechten Arm in ihre linke Hand ziehen. Sie können ihre linke Hand sanft auf ihrem Arm entlang streichen, oder auch nur einige Zentimeter darüber entlanggehen.

Wenn ihre linke Hand anfängt sich taub anzufühlen, ein Schweregefühl oder auch Druckgefühl bekommt, ist dies ein Zeichen dafür, dass sie die Fremdenergie gut absaugen. Dies setzt natürlich voraus, dass sie Energie gut fühlen können,

Unterscheidungsfähigkeit haben und auch ihre Konzentration hinreichend entwickelt ist. Wenn sie nichts dabei fühlen, wird trotz allem die Energie ihrem Willen folgen. Sie schaffen es dann aber vielleicht nicht, vollständig alle Fremdenergie zu entfernen. Nachdem sie die Energie dann in ihrer linken Hand haben, gehen sie zu einem Wasserhahn und mit der Vorstellung, dass das Wasser diese Energie aufnimmt, spülen sie diese aus ihrer Hand und ihrem Unterarm.

Bei einer weiteren Methode halten sie die Hand des benutzten Armes in eine vorbereitete Schüssel mit kaltem Wasser und stellen sich intensiv vor, dass alle Fremdenergie wie schmutziges Wasser aus ihrem Arm läuft und von dem Wasser in der Schüssel aufgenommen wird. Drücken sie dabei einfach weiße Lichtenergie aus ihrem Körper herunter in ihren Arm, die in ihrer Vorstellung alle Fremdenergie nach unten schiebt.

Mit dem Wasser sollten sie dann aber nicht ihre Blumen gießen, sondern es in den Ausguss schütten und etwas nachspülen. So wie ihre linke Hand magnetisch ist, so ist ihre rechte Hand elektrisch von ihren Eigenschaften. Das heißt, die rechte Hand kann besser Energie aussenden und die linke Hand besser Energien absorbieren. Es gibt natürlich auch Ausnahmen. Manchen Linkshändern ist dies gegeben.

Bei einer weiteren Möglichkeit stellen sie sich ebenfalls intensiv vor, dass sie von ihrem Körper her durch eine Sperre, die nur in eine Richtung geht, helle weiße Lichtenergie in ihren Arm drücken durch die dann alle Fremdenergie herausgedrückt wird. Halten sie ihre Hand dabei an eine Wand oder die Erde und visualisieren sie den Abfluss in die Erde.

Sie können sich auch selbst etwas ausdenken. Wichtig ist ihre intensive Vorstellung.

Eine „Gefahr" besteht beim automatischen oder medialen Schreiben mehr als beim Brett. Ihre eigene Einfärbung ist nicht so leicht zu unterlassen. Achten sie deshalb auf das Schriftbild. Je mehr es ihrem eigenen Schriftbild entspricht, desto größer ist die Wahrscheinlichkeit einer Einfärbung. Dann nehmen sie einfach einmal wieder das Brett und mit einer anderen Person gemeinsam, fragen sie dann ihre Schutzgeister, wie hoch etwa der prozentuelle Anteil ihrer eigenen Einfärbung ist. So können sie diesen Anteil einfach sicher überprüfen um gegebenenfalls wieder an einer Verbesserung zu arbeiten.

Noch etwas. Eine gute Bekannte hat sich so sehr auf ihre Begleiter verlassen, dass sie bei jeder kleinen Schwierigkeit ihre geistigen Begleiter um Rat fragte. Es kam sogar so weit, dass sie ihren gesunden Menschenverstand völlig außer Acht gelassen hatte, sobald sie beim medialen Schreiben Informationen erhielt. Sie hatte einfach die Verantwortung für ihr Leben an Andere abgegeben. Ihr Ego mit ihren inneren Wünschen hatte die Kommunikation auch noch eingefärbt und so musste es soweit kommen, dass das, was sie schrieb, nicht mehr den Tatsachen entsprach. Niedere Astralwesen gaben sich dann für ihre Schutzgeister aus und durch ihre eigene Einfärbung sah auch das Schriftbild harmonisch und geschwungen aus, so wie es bei ihrer eigenen Schrift auch ist. Als dann all die Voraussagen, über die von ihr ersehnten Zukunft nicht eintraten, weinte sie bitterlich und war sehr enttäuscht. Am liebsten hätte sie all die „Schuld" wieder der feinstofflichen Welt angelastet.

Aber es war auch sehr heilsam für sie. So erkannte sie später deutlich ihre Selbsttäuschung, ihre Egoeinfärbung und die Eigenverantwortung für ihr Leben.

Bei unserer Seminartätigkeit haben wir des Öfteren Menschen erlebt, die diesen Dingen schon so erlegen waren, dass sie derartigen Selbsttäuschungen nur allzu gern nachgaben. Ihr Ego ließ auch keine helfenden Ratschläge zu, auch wenn sie danach verlangt hatten. Eigentlich wollten sie nur hören, wie toll sie doch sind. Wenn es ihnen **ernsthaft** um ihre eigene Entwicklung geht, sind sie für jede Anregung dankbar und vor allem auch einmal für ein paar kritische Worte. Wenn sie kritische Aussagen emotional berühren, ist auch oft etwas dran. Beobachten sie einfach sich selbst und seien sie ganz ehrlich. Dann werden sie einen immensen Zugewinn an ihrem

Wohlbefinden und an ihrer Entwicklung bemerken können. Alles Andere kommt dann einfach von selbst.

* * *

Channeling

Channeling heißt so viel wie kanalisieren. Dabei nimmt ein Medium mit den feinstofflichen Welten Verbindung auf und empfängt oder kanalisiert Informationen und/oder Energien, um sie in der physischen Welt zum Ausdruck zu bringen.

Das Channeling ist in der letzten Zeit mancherorts etwas in Verruf geraten, da es eine ganze Reihe von „Channelmedien" gibt, die eigentlich keine sind. Es gibt Menschen, die machen ein florierendes Geschäft daraus, bei Esoterikmessen in Scheintrance zu fallen (einige „können" es sogar im Stehen!) um dann angeblich mit verstorbenen Verwandten oder der „hohen geistigen Welt" in Kontakt zu treten, die aber gar nicht anwesend sind und auch nicht empfangen werden.

Bei solchen Veranstaltungen waren wir schon des Öfteren zugegen. Einmal saßen wir beispielsweise in der vorletzten Reihe. Zu Beginn schilderte die Frau in kurzen Worten ihren Weg zu ihrer „Begabung". Danach stand in der letzen Reihe noch eine „Animateurin" hinter uns auf und lobte in den höchsten Tönen die gute Frau für ihre „einmaligen" Fähigkeiten und drückte dann noch ihre Dankbarkeit überschwänglich aus. Dann ging es los und ihr Ehemann wählte von den etwa 80 gespannt wartenden Leuten einige aus, die jeweils 2 Fragen stellen durften. Mit etwas „Unterstützung" war meine Lebenspartnerin eine von den 7 Teilnehmern, die eine Frage an ihren verstorbenen Vater stellte. Die Antwort der Frau kam aber ganz sicher nicht von Peggys verstorbenem Vater. Der stand in seiner astralkörperlichen Gestalt neben uns und war höchst erstaunt über seine angeblichen Antworten.

Die Animateurin hatte ihre Aufgabe erfüllt und den Raum schon geraume Zeit verlassen.

Nach dieser begabten Schauspielerei und der „Rückkehr" aus der Scheintrance durften wiederum noch 3 Leute eine Frage stellen. Auch hier war Peggy eine, die der leicht beeinflussbare Mann auswählte. Mit dem Hinweis auf ihre eigene astrale und mentale Hellhörigkeit und auf die Frage, wie sie denn die Antworten empfange, redete sich diese Frau dann etwas heraus und gab an, die Antworten lediglich als „Frequenz" zu empfangen.

Dann gab es eine Frau unter den Teilnehmern die allen Ernstes behauptete, dass die Frau Hildegard M. ihre Antworten von Engeln eingegeben bekommen würde, die angeblich neben ihr auf der Bühne stehen würden. Auf meine Frage an die Dame, ob sie die Engel denn sehen würde, bejahte die Befragte die Frage auch noch. Ich wäre nur auf die Ausrede gespannt gewesen, hätte Peggy auch noch ihre astrale, mentale und kausale Hellsichtigkeit angesprochen. Peggy überlegte erst noch, ob sie die Frau M. entlarven sollte, aber dies gehört nicht in unseren Aufgabenbereich. Die „Esoterikmesse" fand im Logenhaus in Berlin statt. Ein gutes Beispiel dafür, dass die Freimaurerei eher zur Verneblung als zur Wahrhaftigkeit beiträgt?

Was mich jedoch am meisten schockierte, war nicht die sich bereichernde Betrügerin auf der Bühne, sondern die Naivität und Leichtgläubigkeit der Leute und die Tatsache, dass es Menschen gibt, die ihre eigene Einfalt mit der Lüge rechtfertigen müssen, dass sie Engel auf der Bühne sehen würden. Ich möchte diese Dinge nicht kritisieren; ich will versuchen, ihnen die nötige Unterscheidungsfähigkeit zu vermitteln. Wenn sie diese haben, fallen sie nicht auf derartige Betrüger herein und sie können dann das von solchen Menschen lernen, wozu diese eben gut sind. Sie können Unterscheidungsfähigkeit erwerben.

Bevor es an die eigentliche Praxis geht, sind wiederum ein paar Grundlagen nötig, die sie in die Lage versetzen, zu einem wirklichen Channelmedium zu werden, **falls dies in ihrem Plan liegt.** Hier haben wir schon einmal das erste „wenn", denn nicht jeder kann ein Volltrancechannelmedium einer anderen „hohen geistigen Wesenheit" werden. Diese Aufgaben werden meistens schon „vor" der physischen Inkarnation abgemacht. Ein Medium für hohe Wesenheiten wird auch von diesen Wesen erwählt und ausgebildet.

Jeder, der dieses Buch in der Hand hält, kann aber doch einige von den Dingen erreichen, die man im Allgemeinen auch unter Channeling versteht. Als Erstes wären dies beispielsweise astrale und mentale Hellhörigkeit. In gewisser Weise könnte man auch dies als Channeling bezeichnen, denn mittels der astralen Sinne ist es dem astral Hellhörenden möglich, mit Wesenheiten der Astralebene so deutlich zu sprechen, wie sie mit jedem anderen Menschen sprechen. Ein Nichthellhörender kann dies natürlich nicht hören, weil seine astralen Sinne nicht genügend entwickelt sind, oder er diese Sinneseindrücke nicht im physischen Gehirn reflektieren kann. Auch so ist es also möglich zu „channeln". Dazu muss man sich aber nicht in „Trance" versetzen. Dies ist eine Fähigkeit, über die man wie selbstverständlich bei vollem Wachbewusstsein, mit Zentrierung des Bewusstseins in der physischen Realität, verfügt. Dabei stellt man seine feinstofflichen Sinne, ähnlich wie bei einem Radiosendender, willentlich auf die gewünschte Frequenz ein, auf der sich die Wesenheit befindet. Man hört die feinstofflichen Wesenheiten genau so klar und deutlich, als ob man mit einem Menschen spricht. Der fortgeschritten Hellhörende oder auch Hellsichtige kann dann willentlich diese Fähigkeit „ein- und ausstellen". Er kann seine feinstofflichen Sinne verschließen, indem er seinen Frequenz-wahrnehmungsbereich willentlich einschränkt.

Mit der Hellsichtigkeit ist es ähnlich. Auch jede Form der Materie schwingt auf bestimmten Frequenzen. Der Hellsehende benutzt seine astralen und /oder mentalen Augen, um Wesenheiten eben jener Frequenzen zu sehen. Jeder Mensch hat diese Sinne, er hat nur nicht gelernt sie richtig zu gebrauchen, oder hat charakterliche Mängel und dadurch gröbere astrale und mentale Materie mit niedriger Schwingungsfrequenz in den feinstofflichen Körpern, die für eine Übertragung bis zum physischen Gehirn nicht geeignet ist und die eine Nutzung der astralen Sinne deshalb unterbindet.

Auch nicht betrachtete und angenommene Altlasten aus der Kindheit, Jugendzeit, oder auch später erfahrene emotionale „Verletzungen", unterbinden häufig diese Fähigkeiten, da sich derartige „Wunden" in den feinstofflichen Energiezentren (Chakras) festsetzen und den höherfrequenten Energie- und Informationsstrom nicht ermöglichen. Es besteht dann eine Vergröberung der feinstofflichen Struktur des Körpers im Bereich des betroffenen Energiezentrums, die mit einer ungleichmäßigen Rotation des Energiezentrums einhergeht.

In gewisser Hinsicht ist diese Fähigkeit aber eine Gabe die nicht in jedermanns Plan liegt und die deshalb doch nicht jeder erreichen kann.

Eine weitere, manchmal auch als Channeling bezeichnete Fähigkeit, ist das, was man in der Psychologie als Intuition kennt. Manche sagen dazu, „die Verbindung zum Höheren Selbst" herstellen. Sie ist eine Fähigkeit, die sich vollständig entwickelt, wenn man sich charakterlich sehr verfeinert hat und es gelernt hat, sein Bewusstsein im Wachbewusstseinszustand mit Zentrierung in der physischen Realität auf die Kausalebene und/oder die buddhische Ebene zu verlagern. Diese Beiden und die atmische Ebene sind die 3-einigen Aspekte der Seele mit ihren Eigenschaften universale Intelligenz (Kausalebene), universales Wissen (buddhische Ebene) und spiritueller Wille (atmische Ebene). Diese Ebenen werde ich im 2. Teil noch näher erläutern.

Bei dieser Art von „Channeling" besteht die größte Wahrscheinlichkeit einer Ego-Einfärbung durch eine noch Ego-Zentrierte Persönlichkeit und sie funktioniert nur tadellos, bei umfassender charakterlicher Entwicklung und in Verbindung mit meditativer Praxis, und/oder Übung der geeigneten Yogas. Auch ohne die entsprechende Entwicklung, hat jeder Mensch bis zu einem gewissen Grade diese Fähigkeit, jedoch wird sie bei ihm schnell eingefärbt durch Ängste, Wünsche, Hoffnungen, Ego, etc. Erst wenn das Gemüt ruhig und die Persönlichkeit SELBST-bestimmt ist, gewinnt sie an Sicherheit. Mit SELBST-bestimmt meine ich, dass nicht ihr

Ego bestimmt was sie tun, fühlen oder denken, sondern ihr Höheres SELBST, also ihre Seelenwesenheit, ihre Handlungs- Gefühls- und Denkweisen bestimmt.

Nun wollen wir zu dem kommen, was man unter Channeling in Volltrance versteht. Hierbei gibt es zwei Arten. Zur Schulung ihrer Unterscheidungsfähigkeit, will ich erst einmal ein paar Beispiele anführen, wie es nicht geht.

Bei eben dieser, weiter vorn schon erwähnten „Esoterikmesse", gab es auch zwei weitere Frauen, von denen die Eine behauptete, „Aufgestiegene Meister" zu channeln. St. Germain musste seinen Namen dafür hergeben. Im Stehen, ohne erkennbaren Übergang, ergriff der Meister von ihrem Körper Besitz und dann sprach der Körper dieser Frau mit der angeblichen „Meisterfüllung" über Freude und Glück. Danach verließ er im Stehen wieder dieses Fleisch und die gute Frau war wieder „anwesend" und pries dann ihre gechannelten Bücher an. So ähnlich laufen solche Veranstaltungen ab und manche esoterischen Anfänger stehen staunend da und andere, etwas kritischere Anfänger, sind leicht geneigt, irrtümlicherweise gleich alle Esoterik in die gleiche Schublade mit der Aufschrift „Unsinn" zu werfen.

Die zweite erwähnte Frau tat so, als ob sie irgendeine andere „Wesenheit" channelte und dabei entfusselte sich diese, spielte auch mal am Handy und lümmelte auf einem Tisch sitzend herum. Die anwesenden Teilnehmer interessierten sie nur ganz am Rande. Als sie dann auch noch anfing „segnende Heilenergie" auszusenden, verließ ich den Raum und nahm Peggy und meine Tochter auch gleich mit.

Hohe geistige Wesen interessiert kein Handy und auch ein paar Fusseln auf der Hose lenken sie nicht ab. Sie haben fast alle eine sehr liebe- und humorvolle Art. Manche, gerade Erzengel, können aber auch manchmal ganz schön streng und dabei liebevoll zugleich sein. Ihnen sind die Vermittlung innerer Werte wichtiger, als Fusseln auf der Hose.

Dies sind nur zwei kleine Beispiele. Doch nun zum Eigentlichen.

Es gibt zwei Arten des Channelings in Volltrance.

Bei der ersten Art verlässt das Medium mit dem Astralkörper den physischen Leib. Der physische Körper hört dann meist eine Zeit auf zu atmen. Der Puls verlangsamt sich sehr, oder setzt fast ganz aus. Der „Besitzer" des Körpers ist dann nicht anwesend und so liegt oder sitzt der Körper dann wie tot da. Dann tritt eine andere Wesenheit mit ihrem Astralkörper in den physischen Körper des Mediums ein, passt sich dem Körper an und gebraucht dann diesen Körper, um in der physischen Realitätsebene zu wirken. Der eigentliche Inhaber des Körpers, kann dann in seinem Astralkörper daneben stehen und selbst zusehen, oder, wenn es ihm beliebt, auch an anderen Orten sein.

Wenn das Medium aus seinem/ihrem Körper von der Wesenheit oder seinem Helfer herausgeholt wird, hat die Persönlichkeit des Mediums nach ihrer Rückkehr in ihren eigenen Körper, keine oder nur wenig Erinnerung an die Geschehnisse.

Wenn das Medium selbst eigene voll bewusste Praxis außerkörperlicher Erfahrungen besitzt, ist er/sie sich aller Erfahrung bewusst, wenn die Wesenheit eine Bewusstwerdung der Erfahrung nicht willentlich unterbindet.

Beim Eintritt in den Körper des Mediums benötigt der neue „Inhaber" oft eine gewisse Zeit der Anpassung an diesen Körper. Wenn das, was die Menschen hier unter dem Erzengel Uriel kennen, in den Körper von Peggy eintritt, dann benötigt er manchmal einige wenige Minuten um die völlige Kontrolle über den physischen Körper zu erlangen. Wenn er die Kontrolle dann hat, ändert sich das Verhalten, die Ausstrahlung, manchmal auch das Aussehen und sogar die Augenfarbe des Körpers von Peggy. Ich schreibe hier bewusst „des Körpers von Peggy", denn Peggy selbst hat ihren physischen Körper schon vorher bewusst verlassen und sie ist ja auch nicht ihr Körper. Uriel macht dann Energiebehandlungen mit den Teilnehmern, gibt helfende Hinweise oder beantwortet Fragen. Wenn er etwas länger braucht, um ihren Körper vollständig in Besitz zu nehmen, liegt es meistens an Peggy und ihre Erwartungen, die sie an sich stellt (Sie will immer alles so perfekt wie möglich machen). Sie erschwert ihm dann das in-Besitz-nehmen ihres Körpers, oft ganz unbewusst. Sie hat auch gelegentlich Angst, dass seine Energie zu intensiv auf die Teilnehmer wirkt, da es schon öfters vorgekommen ist, dass Semiarteilnehmer einfach spontan Tränen der Freude und des Glücksgefühls vergossen hatten. So haben diese Wesenheiten ihre Energie-ausstrahlungen auf ein Niveau angepasst, bei dem sich Peggy sicher fühlt und die Erfahrungen für die Teilnehmer nicht zu intensiv werden.

Wenn Metatron (oberster Regent der Sonnensphäre) ihren Körper in Besitz nimmt, geht es schneller. Peggy hat danach manchmal enorme Hitzewallungen. Wenn „ALLES" in seiner Individualität ihr Fleisch in Besitz nimmt (wobei „ALLES" es meistens aber lieber unterlässt sich erkennen zu geben), dann geht dies enorm schnell. Wenn ER/SIE den Körper wieder „verlässt", fühlt Peggy eine ganze Weile noch, dass auch sie ALLES ist. Sie erfährt sich dann als ALLES auf was sie ihr individuelles Bewusstsein in ihrer Persönlichkeit richtet. Die Wand, das Haus, ein Baum, der Mond, Peter …Vom Wechsel von Uriel im Körper zu „All Dem Was Ist", ist es ein fließender Übergang, der für Andere gar nicht zu bemerken ist. Uriel hat dann ihren Körper gar nicht verlassen sondern ALLES verstärkt blitzschnell einfach SEINE/IHRE Präsenz. Dies geschah beispielsweise schon, wenn Uriel mal eine Lektion brauchte. Dies aber nur unter besonderen Umständen in privaten Channnelings und nicht wenn Außenstehende anwesend waren, oder einmal auch auf SEINEN Wunsch bei einem der letzten Channelingseminare, ohne dass es jemand Anderes überhaupt bemerkte. Wenn die Zeit reif ist, sagte ER/SIE, wird ER/SIE auch öffentlich mehr in Erscheinung treten. Wenn ER/SIE ihren Körper in Besitz nimmt, weiß ER/SIE immer alles über jeden. Die Ausstrahlung, die ER/SIE hat, ist von einer unheimlichen Liebe, Gelassenheit und Stärke gekennzeichnet, die Peggy in ihrer Persönlichkeit gegenwärtig noch nicht erreicht hat. ER/SIE hat aber auch schon einmal etwas „finster" geschaut. Auf die Frage, warum er denn so schaut, antwortete ER/SIE, dass ER/SIE sich auf eine der anwesenden Personen eingestellt hat und nun wie diese Person ist. Ein solches Verhalten habe ich bei Uriel noch nicht beobachtet.

Bei dieser Art des Volltrancechannelings unterweist Uriel, oder der gegenwärtige Inhaber ihres physischen Körpers, des Öfteren Peggy in ihrer astralkörperlichen Gestalt beim Gebrauch gewisser Symbole, Heilbehandlungsarten und Anderem. Es ist am Anfang schon etwas befremdlich für Peggy gewesen, wenn sie von außerhalb, in ihrem Astralkörper daneben stehend, ihren physischen Körper mit der „Urielfüllung" sah und von diesem dann auch noch mit strengem und kritischem Blick unterwiesen wurde. Wenn sie ihren physischen Körper wieder in Besitz nimmt, hat sie in den meisten Fällen auch noch ihre volle Erinnerung an ihre Erfahrungen in ihrem Astralleib. Auch dann, wenn sie nicht im Raum anwesend und mal schnell an anderen Orten unterwegs war um Freunde, Geschwister oder Wohnungen von Anwesenden, weit entfernt wohnenden Seminarteilnehmern zu besuchen. Dann überrascht sie diese mit der Beschreibung der Einrichtung und Ordnung. Aber selbstverständlich nur mit deren vorherigem Einverständnis.

Eine solche Art zu channeln ist nicht von jedem Menschen erlernbar. Sie ist eine Vereinbarung, die schon „vor" der „Fleischwerdung" abgemacht wird.

Mit dem Channeling sollten sie nicht beginnen. Eine solide Basis und ein „Schritt für Schritt - Weg" sind wichtig für ihre Unterscheidungsfähigkeit und ihre geistige Reife. Außerdem können sie dann sicher den eventuellen Einfluss ihrer Persönlichkeit überprüfen. Eine schrittweise Entwicklung erfolgt über das Brett, dann das mediale Schreiben und dann erst sollten sie zu diesen Dingen übergehen.

Eine weitere Art eines Channelmediums ist das, was man unter einem Inspirationsmedium versteht.

Dabei gibt die feinstoffliche Wesenheit dem Medium mit einer starken Kraft Informationen ein, die das Medium dann aufschreibt oder ausspricht. Auch hierbei bildet die feinstoffliche Welt das Medium aus.

Ich kenne ein „Inspirationschannelmedium", der sich von Menschen zum Channel „ausbilden" lassen hat und dieser glaubt, die „hohe geistige Welt" zu channeln. Dem ist aber nicht so. Ich möchte diese Dinge nicht bewerten oder herabwürdigen, ich möchte nur, dass sie nicht in derartige Fallen hineintappen.

Wenn man aus höheren Ebenen zum Zwecke des Dienstes an seinen Mitmenschen Eingebungen erhält, ist dies hellsichtig an der Aura und an den oberen Chakras sichtbar.

Bei der ersten Art des Volltrancechannelings sieht man als Hellsichtiger den Austritt des Astralkörpers aus dem Fleisch und den Eintritt der wartenden, schon astral oder mental anwesenden, Persönlichkeit.

Bei der zweiten Art wird das Bewusstsein des Inhabers des Körpers unterdrückt, während sich die Wesenheit im Körper befindet. Als Hellsichtiger sieht man ebenfalls schon vorher die Präsenz der Wesenheit. Des Weiteren sieht man eine Veränderung der Aura nach dem Eintritt in den Körper.

Außer bei ALL-DEM-WAS-IST, da zieht sich einfach eine Menge bewusster, belebter astraler Materie aus der Umgebung (also auch den Wänden usw.) zusammen und fließt direkt in den physischen Körper. Aber ER/SIE hat sich auch schon eine individuelle Gestalt gegeben, ganz wie es ALLEM beliebt. ALLES hat halt alle Möglichkeiten zur Verfügung, weil ER/SIE ALLES IST.

Sollten sie **ausreichend praktische Erfahrung** mit dem medialen Schreiben haben und an Hand des Schriftbildes die

Verschiedenartigkeit der Wesenheiten und auch ihre individuelle Einfärbung erfahren haben, dann ist es möglich ihren Körper einer, ihnen bekannten Wesenheit zu überlassen, zu der sie aber unbedingtes Vertrauen haben sollten. Es muss gar keine Wesenheit hoher Hierarchie sein. Selbst ein fähiger verstorbener Mensch kann ihr Fleisch in Besitz nehmen. Sie sollten aber schon damit einverstanden sein und auch die Kontrolle darüber haben. Ich würde dies aber nur Fortgeschrittenen empfehlen. Im 2. Teil dazu mehr.

In einigen Logen der eher dunklen Ausrichtung werden medial veranlagte Personen manchmal benutzt, damit sich „Finsterwesenheiten" auf dieser Ebene manifestieren können. Auch ist es möglich, dass verschlissene physische Körper eines „Meisters" abgelegt werden und dieser einen physischen Körper einer anderen Person in Besitz nimmt. Das Bewusstsein des eigentlichen Inhabers wird unterdrückt oder er wird aus seinem Körper entfernt und die Verbindung zu diesem abgeschnitten. So kann der schwarzmagische „Meister" bei voller Bewusstheit wieder zu einem neuen Körper gelangen und muss nicht den Umweg einer Inkarnierung gehen. Der Astralkörper des eigentlichen Inhabers kann dann auch noch in Gefangenschaft gehalten werden. Aber für sie wird eine Vertiefung dieses Themas nicht von Interesse sein - hoffe ich doch.

Erst wenn sie die Fähigkeit erlangt haben, eine außerkörperliche Erfahrung bewusst zu erwirken und sie auch die entsprechende Charakterentwicklung hinter sich haben, erst dann ist es möglich sehr hohe geistige Wesenheiten auf die erste erwähnte Art in Volltrance zu channeln. Ihr Körper muss das entsprechende Gefäß sein. Peggy ist seit ihrer Jugend Vegetarierin. Eine solche Ernährung ist für die Entwicklung medialer Fähigkeiten idealer als ungesundes Fast Food oder eine übermäßig fleischliche Kost.

Sollten sie angeleitete praktische Erfahrungen oder eine Erweiterung ihrer eigenen Medialität wünschen, finden sie im

Anhang einige Möglichkeiten dazu. Natürlich sind dies nur einige wenige Auszüge.

*   *   *

Anhang:

Seminarprogramme im Lichtzentrum Wittenberg

Wir bieten ihnen ein umfassendes und sicher einmaliges Seminarprogramm an. Alle Seminarinhalte werden sowohl theoretisch als auch praktisch vermittelt. Hier eine Auswahl aus unserem Wochen- und Wochenendseminarprogramm.

Da wir es ihnen ermöglichen möchten, dass ihre ganze Familie gleichmäßig in ihrem Wissen und Erfahrungen wachsen kann, haben wir äußerst großzügige Familienrabatte. Nur der erste Teilnehmer bezahlt den vollen Preis. Der Zweite noch die Hälfte, der Dritte noch ein Drittel und jeder weitere nur noch ein Viertel des Betrages. Voraussetzung ist, dass sie ersten Grades miteinander verwandt sind und zur gleichen Zeit teilnehmen. Eingetragene Lebensgemeinschaften erhalten die gleichen Möglichkeiten, wenn sie unter der gleichen Adresse eingetragen sind.

Erfragen sie näheres einfach unter:

www.lichtzentrum-wittenberg.de

Hier erhalten sie auch weitere Informationen über unsere Tagesseminare.

Grundlagenprogramm: Die Meisterung des Lebens
(Wochenendseminar)

Samstag und Sonntag von 10-18 Uhr
- Unsere Überzeugungen – Schöpfer unserer Erfahrungen
- Welche Überzeugungen habe ich
- Begrenzende Überzeugungen loslassen
- Was für ein Selbstbild habe ich und wie kann ich ein negatives Selbstbild auflösen
- Selbstwertgefühl und Selbstbewusstsein
- Wohlstands- und Mangelbewusstsein
- Wissen, wie man seine Schwierigkeiten löst
- Angst, Ärger und Stress verlernen
- Die geistigen Gesetze und das Wissen ihrer Nutzung
- Loslassen

Körperliche und geistige Gesundheit
(Wochenendseminar)

Samstag und Sonntag von 10 – 18 Uhr
- Wie Krankheit entsteht und wie Gesundheit ein Dauerzustand sein kann
- Die Sprache der Symptome
- Körperarbeit
- Wie negative Gefühle und Ängste die Gesundheit beeinträchtigen, und was wir gegen diese unternehmen können
- Die Kraft der Gedanken
- Die Kraft der Gefühle
- Gesundheitsfördernde Imaginationen
- Mentaltraining
- Gesundheitsfördernde Ernährung
- Die „Gesundheitseinstellung"
- Eigenverantwortlichkeit und die Annahme von Hilfe Anderer

Meine Mutter, die seit ihrer Kindheit durch Kinderlähmung schwerbehindert war, hat nun im Alter von 65 Jahren durch Arbeit an sich selbst ihre Gesundheit wiederhergestellt, ist nun so belastbarer und gesund wie nie in ihrem ganzen Leben zuvor und sieht jetzt zudem noch 10 Jahre jünger aus als vor 10 Jahren.
Sie hat es geschafft! Das können sie auch!

Körperliche und geistige Gesundheit
(Intensivwoche oder 3 Intensiv-Wochenenden)

Hierbei wird die Theorie des Wochenendseminars vermittelt und noch theoretisch und praktisch erheblich vertieft Es werden außerdem viele Werkzeuge zur Gesundung oder Gesundheitserhaltung praktisch erarbeitet und ihr Gebrauch erlernt und geübt.

Außerdem werden wir selbst ihnen helfen, ihre Gesundheit mit energetischen Unterstützungen wieder herzustellen, wenn es auf Grund der geistigen Gesetze erlaubt ist und auch ihre Mitarbeit nicht fehlt.

Selbst schwierige Fälle sind willkommen!
Intensiv-Gesundheitswoche 7 Tage

Die Kraft in ihrem Inneren Teil I
(Wochenendseminar)

2 Intensiv-Wochenenden jeweils Sa. und So. von 10-18 Uhr
- Die Macht der Gedanken
- Was sind Zeit, Raum und Materie in Wechselwirkung mit ihrem Bewusstsein
- Was haben sie als Mensch für Macht in ihrem Inneren und wie können sie diese Kräfte entfalten.
- Die Persönlichkeit des Menschen in ihren 3 Körperlichkeiten und ihre Funktionen
- Erschaffung von Gesundheit, Wohlstand und Lebensfreude
- Die feinstofflichen Welten und wie wir sie erfahren und nutzen können
- Von den Erfahrungen des „Lebens nach dem Tode"
- Reinkarnation
- Entspannungs- und Meditationstechniken
- Der Gebrauch von Pendel und Tarotkarten – Hilfsmitttel zur Entscheidungsfindung, Ursachenforschung und Selbsterfahrung
- Psychohygiene
- Die geistigen Gesetze und ihre Auswirkungen auf unser Leben

Die Kraft in ihrem Inneren Teil II
(Wochenseminar, oder 3 Wochenenden)

- Die Macht der Gedanken für Fortgeschrittene
- Die 3 Körper der Persönlichkeit
- Die Seele in ihren 3 Körperlichkeiten
- Aufgabe, Ziel und Bestimmung des Menschen
- Charakterentwicklung
- Aura und Energiearbeit
- Hellsichtige Analyse ihrer Aura mit Anlagen, Fähigkeiten, Krankheitsdispositionen
- Hellsichtige Analyse ihrer feinstofflichen Energiezentren (Chakras) mit Anlagen, Fähigkeiten, Blockaden und Ursachenanalyse dieser Blockaden
- Energiearbeit zu Aura und Chakras
- Techniken zur Steigerung ihrer Schwingungsfrequenz und ihres Energieniveaus
- Schutztechniken
- Reinigung von Räumen, Gebäuden, der Aura und der Chakras
- Praktische Visualisierungstechniken und Ausbildung der Konzentrationsfähigkeit

- Ausbildung ihrer Hellfühligkeit
- Energetische Gesundheitsunterstützung richtig gemacht
- Okkulte Anatomie und ihre Bedeutung in der Energiearbeit mit Menschen
- Ladung von Talismanen und Amuletten in Theorie und Praxis
- Eventuell noch Hypnose, Selbsthypnose und/oder Trancetechniken (kommt auf die Teilnehmer an)

Weitere Themenbereiche oder auch Änderungen sind wahrscheinlich und werden auf die Teilnehmer abgestimmt.

Dieses Seminar können sie nur besuchen, wenn sie schon „Die Kraft in ihrem Inneren" besucht haben, da die Seminarinhalte aufeinander aufgebaut werden.

Die Kraft in ihrem Inneren Teil III
(Wochenseminar)

Eine Teilnahme ist nur möglich bei entsprechender geistiger Reife, Charakterentwicklung und der schon vorherigen Teilnahme an den Seminaren „Die Macht in ihrem Inneren I und II", und wenigstens noch „Medialität I". Eine andere Möglichkeit, ist die vorherige Teilnahme an einer Reihe unserer Tagesseminare.

- Aurasehen
- Auraschutz
- Fernbehandlung
- Bewusste Erschaffung von mentalen Wesenheiten
- Energieprojektionen
- Ladung von beliebigen Gegenständen mit speziellen Eigenschaften
- Beseitigung von negativen feinstofflichen Einflüssen
- Beseitigung von Besetzungen
- Schutz vor dunkler Magie
- Schaffung von Unempfänglichkeit gegenüber negativen Einflüssen
- Charakterverfeinerung
- Naturwesenheiten, ihre Aufgaben und Einflussbereiche
- Mentalreisen, Astralreisen, Reisen mit mentalen Projektionen
- Ritualisierte Magie (Teil I)

Weitere Themen richten sich nach der Reife der Teilnehmer.

Ganzheitliche spirituelle Kindeserziehung

Dieses Seminar ist darauf ausgerichtet zu verstehen, was für wirkliche Bedürfnisse ein Kind hat, beginnend von der Empfängnis bis zum Erwachsenen. Wenn sie all die Vorschläge beherzigen, werden diese Kinder all ihre in der Anlage vorhandenen Fähigkeiten gar nicht erst verlieren und sie können sich zu Menschen entwickeln, die jenseits dessen liegen, was die heutige Menschheit auch nur zu erahnen imstande ist.

Sie selbst, der sie solche Möglichkeiten nicht erfahren durften, werden bei diesem Seminar verstehen, warum ihnen all dies, was sie sich heute wieder versuchen mit viel Aufwand anzueignen, verloren ging. Sie erfahren aber auch, wie sie einiges von dem „Verlernten" wiedererwecken können.

Dieses Seminar können sie nur besuchen, wenn sie „Die Macht in ihrem Inneren I" oder die entsprechenden Tagesseminare schon einmal besucht haben.

Medialität Teil I
(Wochenendseminar)

(Ein Besuch dieses Seminars ist nur möglich, wenn sie schon „Die Macht in ihrem Inneren I" oder das Tagesseminar „Die Macht der Gedanken I" bei uns besucht haben.)
- Was ist Medialität und wie entfaltet man sie
- Der Sinn medialer Arbeit
- Medialität und Eigenverantwortlichkeit
- Die verschiedenen Arten der Medialität
- Feststellung ihrer eigenen medialen Anlagen
- Die feinstofflichen Welten - Grundlagenwissen zur Kontaktaufnahme mit Wesenheiten dieser Welten
- Praktische Kontaktherstellung zu den verschiedensten Wesenheiten feinstofflicher Welten
- Werkzeuge zur sicheren und klaren Kontaktherstellung und deren richtiger Gebrauch
- Übungen zur Steigerung medialer Anlagen

Medialität Teil II
(Fortgeschrittene)

(Ein Besuch dieses Seminars lohnt sich, mit schon teilweise oder gut entwickelten medialen Anlagen oder Fähigkeiten und nach dem Besuch von „Medialität I" und „Die Kraft in ihrem Inneren I". Auch wenn sie keine medialen Anlagen haben, kann es von Interesse sein, wenn sie tieferes Wissen und Erfahrungen bezüglich der feinstofflichen Welten suchen.)

- Ausbau ihrer medialen Anlagen oder Fähigkeiten
- Praktische Übungen zur Steigerung ihrer medialen Fähigkeiten
- Kontaktaufnahme zu hohen geistigen Wesenheiten
- Channeling, Möglichkeiten und Fallen
- Unterscheidungsfähigkeit entwickeln
- Weitere Werkzeuge zur Kontaktaufnahme
- Automatisches oder mediales Schreiben
- Astrales und mentales Hellhören und Hellsehen – denn es geht natürlich auch ohne Werkzeuge
- Was ist ihr eigener Lebensplan

Eine Erweiterung der Themenbereiche ist auf die Teilnehmer zugeschnitten wahrscheinlich.

Medialität Teil III

(Ein Besuch ist nur möglich bei schon erfolgter Teilnahme an den Seminaren Die Macht in ihrem Inneren II und III; Medialität I und II und bei gleichzeitiger Charakterentwicklung und geistiger Reife. Außerdem sollte ausreichend praktische Erfahrung bestehen. Ebenfalls ist bei diesem Seminar vorher eine Eignungsprüfung erforderlich.)

- bewusste Schaffung von Elementalen und Elementaren und Kommunikation mit diesen erschaffenen Wesenheiten
- bewusste Schaffung von astralen Engelelementaren und ihre Einsatzmöglichkeiten
- Kontaktaufnahme zu Engelwesenheiten und Erzengelwesenheiten
- Channeling von Engeln und Erzengeln
- Kontaktherstellung zum eigenen Höheren Selbst und zum höheren Selbst fremder lebender Personen
- Das Wirken von Engeln und Dämonen, Gottes Helfer zur Erschaffung unseres Dualitätsspiels
- Kontaktherstellung zu Naturwesenheiten verschiedener Elemente
- Hellsehen, Hellhören, Hellfühlen, Hellwissen
- weitere Themen

Alle Themen werden theoretisch und praktisch ausführlich behandelt. Es sind jedoch Änderungen und/oder Erweiterungen wahrscheinlich, die sich nach den Teilnehmern richten werden um für alle das Bestmögliche zu erreichen.

Werkzeuge für weit Fortgeschrittene zur Unterstützung des Evolutionsplanes der Menschheit und des Einen Schöpfers.

Eine Teilnahme an diesem Seminar ist nur möglich bei der nötigen geistigen Reife, Charakterentwicklung, und der schon erfolgten Teilnahme an den Seminaren „Die Macht in ihrem Inneren II und III" sowie „Medialität II und III". Eine Eignungsprüfung und ein vorheriges persönliches Gespräch sind ebenfalls erforderlich.

Eine Seminargebühr wird nicht erhoben. Es fallen lediglich die minimalen Kosten für Unterkunft und Verpflegung an.

Die Themenbereiche werden den Teilnehmern erst nach den schon erfolgten Qualifikationen mitgeteilt.

Woche der Ruhe, Meditation und des Schweigens

Für Menschen die wieder zu sich selbst und der Ruhe und Sicherheit in sich selbst finden wollen. Auch für gestresste oder überarbeitete Menschen geeignet, die wieder innere Ruhe, Kraft und neuen Tatendrang brauchen. Vom zweiten bis zum sechsten Tage wird nicht gesprochen, zu festen Zeiten meditiert und gegessen (vegetarisch). Jeder erhält geeignete Meditationsmethoden, die sich individuell je nach dem Grund der Teilnahme und dem Entwicklungsstand richten.

Dies ist eine kleine Auswahl aus unserem Seminarprogramm.

Bezüglich Übernachtungs- und Verpflegungskosten setzen Sie sich bitte mit uns in Verbindung.

Auf Wunsch können sie selbstverständlich auch gern eine andere Übernachtungsmöglichkeit wählen und/oder sich selbst verpflegen.

*   *   *

Weitere Werke sind in Vorbereitung.